Salsa-Kompendium

Lehr- und Arbeitsbuch
vom taktrichtigen Grundschritt
bis hin zu
55 perfekt beherrschten Figuren
und
viel Spaß zu zweit!

Band 1

von

Bernd Gems

01577 - 4183404

www.salsa-kompendium.de
Gundelfingen im Breisgau, November 2007

„Ohne Produktpiraterie könnte es 70.000 Arbeitsplätze mehr in
Deutschland geben."

Detlef Braun, 2005, Geschäftsführer der Messe Frankfurt

Wer kopiert, stiehlt Arbeit.

Die Deutsche Bibliothek - CIP-Einheitsaufnahme

Ein Titeldatensatz für diese Publikation ist bei der Deutschen Bibliothek erhältlich

Die Informationen in diesem Buch wurden mit größter Sorgfalt erarbeitet. Dennoch können Fehler nicht vollständig ausgeschlossen werden. Verlag und Autor übernehmen keine juristische Verantwortung oder irgendeine Haftung für eventuell verbliebene Fehler und deren Folgen. Bitte melden Sie Fehler über die Homepage www.salsa-kompendium.de.

ISBN 978-1-84753-092-9

Inhaltsverzeichnis

1. Einführung - darum Salsa tanzen lernen!

Die feurige Soße, die aus dem leicht fad schmeckenden Alltagsleben ein immer wieder aufregendes Gericht werden lässt. Auf diese Art können wir Europäer die Salsa heute erleben, so dürfte sie aber auch in der ärmeren Bevölkerungsschicht der Karibik entstanden sein - als kostengünstiger Spaßfaktor für alle, und das von frühester Jugend an. Wenn wir Tanzpaare aus der Karibik beim Tanzen beobachten, wirkt das dann auch so, als hätten die Tänzer den Rhythmus mit der Muttermilch eingesogen. Harmonie, Erotik, Spaß, knisternde Spannung und Freundschaft strahlen gute Tänzer und Tanzpaare auf uns aus. Wir Mitteleuropäer haben da schon eine harte Lehrzeit vor uns, wenn wir uns einigermaßen elegant auf der Tanzfläche bewegen wollen. Was aber kann uns die Salsa geben und wozu der Aufwand für das Erlernen? An dieser Stelle einige Denkanstöße.

Dank der Disziplin „Bewegung" aus den Neurowissenschaften ist bekannt, **dass körperliche Bewegung die gesamte Leistung des Gehirns steigert.** Dies gilt bereits für das Dauerlaufen, aber insbesondere natürlich für komplexe Bewegungsabläufe. In einer Zeit rasch steigender Ansprüche an die Leistungsfähigkeit in Beruf und Privatleben, in der Kreativität, Flexibilität, eine schnelle Auffassungsgabe immer wichtiger für ein erfülltes Leben werden, bietet Salsa hierzu einen herausragend günstigen Ansatz. Dies gilt um so mehr, als die Salsa sich stark von den klassischen Tänzen unterscheidet und bereits das Hören des Taktes eine genau so spannende wie erlernbare Angelegenheit ist. **Je weniger talentiert Sie sind, desto besser ist die Salsa für Sie!**

Bereits **vor der Geburt** werden wichtige Anlagen für Intelligenz festgelegt. Auch da ist inzwischen bekannt, dass die neuronale Vernetzung bei denjenigen Babys besser ist, deren Mütter sich während der Schwangerschaft viel bewegt haben. Gegen Ende der Lebenszeit sind es bevorzugt die weniger sportlichen Menschen, die an Alzheimer erkranken.

Eine gute Bekannte hat mir gegenüber einmal das Wort „Verinselung der Lebenswelten" geprägt. Computer, Fernsehen, das Fehlen eines passenden Lebenspartners und Stress im Beruf haben bei vielen Menschen zu einer großen Einsamkeit innerhalb dieser Hektik geführt. Tanzen ist ein **Hobby, bei dem viele Bekannte, Freunde und manchmal auch ideale Lebenspartner** zu finden sind.

Sie haben gerade jemanden kennen gelernt und überlegen, dass hier vielleicht mehr als nur Freundschaft möglich ist? Dann machen Sie zusammen einen Tanzkurs als Harmonietest! Ob der **potenzielle**

Partner wirklich kritikverträglich und kompromissfähig ist, dürften Sie kaum an anderer Stelle so schnell und preisgünstig herausfinden wie bei einem Tanzkurs.

Wenn Sie in der Welt des Standard/Latein aktiv werden wollen, gilt es, sehr viele unterschiedliche Rhythmen und Tänze zu lernen. Bis Sie dort eine fließende Souveränität erreicht haben, kann das eine Weile dauern. **Salsa ist, als ein Tanz, bereits eine eigene Welt.** Sie kommen vergleichsweise leicht dahin, dass Sie diesen Schritt gut beherrschen und damit viel Spaß haben.

Im Umkehrschluss können Sie auf der Tanzfläche auch viel darüber herausfinden, was das andere Geschlecht an Ihnen attraktiv findet und was nicht. Wenn Sie auf die feinen Töne und Reaktionen Ihrer Tanzpartner zwischen den Zeilen hören und andere Paare und Tänzer beobachten, dann **werden Sie im Laufe der Zeit zum attraktiveren Partner**. Sinnvoll kann an dieser Stelle die begleitende Unterstützung durch einen Coach sein - bei Bedarf empfehle ich da jemanden.

Wenige Begegnungsfelder sind so geeignet, einer Vielzahl Menschen des anderen Geschlechts **mit zwanglosen Berührungen näher zu kommen** wie der Paartanz. Es ist nicht erforderlich, sofort einen eloquenten, intelligenten Small Talk führen zu können - einfach tanzen reicht erst einmal. Nach einigen Wochen lernen Sie wie von selbst einige Tanzpartner besser kennen, gehen nach dem Kurs noch etwas trinken und erweitern so Ihren Freundeskreis.

Unsere Arbeitsplätze verlangen in zunehmendem Maße „stillsitzen" von uns. Dann geht es noch mit dem Auto zur Arbeit, mit dem Aufzug in das Büro und abends auf das Sofa. Der Mensch ist dagegen für viele Kilometer Laufstrecke am Tag gestaltet. Es muss zu Problemen führen, wenn nicht **zum Ausgleich ein Sport betrieben wird. Salsa ist hier eine Möglichkeit** von vielen, aber eine wirklich gute. Die richtige Bewegung macht gesünder und glücklicher, das steht heute fest.

Salsa ist demnach etwas für's Leben. Richtig betrieben, **entwickeln Sie Ihre Persönlichkeit weiter und haben mehr Spaß im Leben**, das kann ich guten Gewissens versprechen. Und weil das alles zusammengehört, kann ich es nicht lassen, an einigen Stellen in diesem Buch die eine oder andere Bemerkung zu diesen Rand- oder Hauptthemen einzustreuen. Vielleicht nehmen Sie einfach das an, was Ihnen gefällt, überlesen den Rest und erfahren so auch mit der Zeit das, was mir nach dem ersten Jahr klar wurde:

Durch Tanzen kann Ihr Leben traumhaft schön werden.

Ohne, dass Sie dazu eine tänzerische Topleistung schaffen müssen.

Ziehen Sie aus diesem Buch den größtmöglichen Nutzen, indem Sie die folgenden Punkte bedenken:

Beginnen Sie bei diesem Buch ganz vorn und **lesen Sie Schritt für Schritt** weiter, wenn Sie mehr als 55 Figuren erlernen wollen.

Geben Sie sich beim Lesen dieses Buches die erforderliche Zeit und **lesen Sie langsam, dann geht es schneller!**

Individuelle Anleitung für gute Haltung und viele **Feinheiten gibt es nur in der Tanzschule.** In diesem Buch geht es um eine fundierte Basis, das gute Miteinander der Geschlechter auch beim Tanzen, Tipps für erfolgreiche Tanzschulen und die Abläufe von 55 Figuren. Fragen Sie Ihre Tanzschule, wenn Sie die beschriebenen Figuren dort lernen möchten.

Sie werden sich an alle einmal erlernten Figuren **schnell erinnern,** wenn Sie den Namen im Inhaltsverzeichnis oder die wenigen Zeilen „Übersicht für den führenden Herrn" lesen und vielleicht eigene „Knackpunkte" handschriftlich dazu notieren. Dann kann dieses Buch Ihr persönliches Arbeits- und Spaßbuch werden.

2. Zu diesem Buch

Dieses Buch richtet sich an Tanzschulen und Hobby-TänzerInnen, die ihr Repertoire ausbauen und das Gelernte immer mal wieder nachschlagen, dauerhaft erhalten und auch weiterentwickeln wollen. Die Grundannahme dieses Buches ist meine Erfahrung, dass der richtige Spaß erst kommt, wenn das sichere Hören des Taktes und einige Bewegungen automatisch ablaufen, ohne dass der Tänzer darüber nachdenken muss. Wer „neben dem Takt" tanzt, gibt das Tanzen meist schnell wieder auf, weil der echte „Kick" sich nicht einstellt - egal, wie viele Figuren auswendig gelernt wurden. Daher wird auf den für uns Europäer nicht ganz einfach zu identifizierenden Takt auch ein Schwerpunkt gelegt. Einführende Kapitel in diesem Buch und eine gleichfalls erhältliche Takttrainings-Audio-CD sollen eine perfekte Grundlage für den Spaß nicht nur auf den Tanzflächen vieler kommender Jahre sein.

Der Inhalt dieses Buches kann naturgemäß nicht vollständig sein; wenn Sie sich mit Salsa bereits beschäftigt haben, werden Sie vermutlich vieles, was Ihnen persönlich wichtig erscheint, vermissen. Auch werden Sie viele Situationen erlebt haben, die dem allgemein beschriebenen Inhalt dieses Buches widersprechen, das liegt in der Natur eines Buches, das sich an viele Menschen richtet und *ein* einzelnes von vielen möglichen Weltbildern zu vermitteln versucht. Greifen Sie diejenigen Elemente heraus, die sie für die Verwirklichung Ihrer ganz persönlichen Ziele als hilfreich empfinden und, so meine Empfehlung, überlesen Sie den Rest.

Für die Abwechslung auf der Tanzfläche sollen die mehr als 55 Figuren sorgen, die in diesem Buch ausführlich beschrieben sind. Ideal als Nachschlagewerk „Wie ging diese Figur doch gleich?", wird jeder Figur eine aus wenigen Zeilen bestehende Zusammenfassung vorangestellt, die meist zur Erinnerung ausreicht. Wer sich neu in eine Figur einlesen oder sich an ein Detail erinnern möchte, kann dies in Ruhe mit den Figurenbeschreibungen tun. Die Figuren sind so beschrieben, dass für jeden Takt der Musik sowohl für den Herrn als auch für die Dame die Bewegungen und Schritte so kurz wie möglich beschrieben werden.

Bei der Lektüre dieses Buches werden Sie eine kurze Einführung in Geschichte, Instrumente und das rhythmische Konzept von Musik und Tanz finden, um das Erlernen der Salsa oder auch deren Vermittlung so leicht wie möglich zu gestalten. Es folgt die Beschreibung eines möglichen Anfängerkurses und darauf folgend die Beschreibung der Figuren. Diese sind in Gruppen unterteilt mit der zugrundeliegenden Idee, dass zunächst die Figuren einer jeden Gruppe vollständig „sitzen" sollten, bevor es an die nächste Gruppe geht. So werden dauerhaft Erfolgserlebnisse und ein beständig wachsendes Können erreicht.

Immer wiederkehrende Grundelemente und Positionen werden dann in eigenen Kapiteln zusammengefasst, um Raum für die Entwicklung eigener Kreativität bei der Abwandlung und Neuentwicklung von Figuren zu geben.

Zum Schluss folgen viele Seiten Tipps für den Herrn, die Dame und Tanzschulen. Als Ergebnis vieler Gespräche und eigener Beobachtungen geht es hier nicht nur um direkt tänzerische Hinweise, sondern auch darum, welche Vorgehensweisen Sie als Mensch zu einem attraktiven Tänzer bzw. einer attraktiven Tänzerin werden lassen. Die letzteren Punkte sind vielleicht viel wichtiger für dauerhaften Spaß mit Salsa als die „tänzerisch-fachlichen" Tipps.

Dieses Buch kann natürlich keinen Tanzunterricht ersetzen, insbesondere nicht die Grundkurse. Eleganz und Körperhaltung werden sicher am besten durch Zusehen, Zuhören, eigenes Tun und direkte Tipps der Lehrer vermittelt. Das Buch hilft in dieser Zeit begleitend durch ein vertieftes Verständnis des Rhythmus, was meist mit verbessertem Lernerfolg gegenüber den anderen Paaren und mehr Spaß auf der Tanzfläche belohnt wird. Ist diese Anfangszeit erfolgreich gemeistert, können die Figuren im Selbststudium hinzugelernt werden – im selbst gewählten Tempo. Dabei hilft die Takttrainings-Audio-CD beim leichten Erkennen des Taktes.

Es wurden Figuren aus mehreren Ländern eingefügt, darunter Kuba, USA und natürlich die hier in Deutschland gelehrten Variationen. Bei allen Figuren wurde versucht, sie in einen auf den ersten Schlag „on 1" getanzten New York Style zu überführen, um der in Deutschland meistgetanzten und vielleicht auch der am weitesten entwickelten Variante der Salsa treu zu bleiben.

Heisst es nun „der, die" oder „das" Salsa? Wenn ich den Sprachwissenschaftler Bastian Sick „Der Dativ ist dem Genitiv sein Tod" anwende, dann ist „die Salsa" richtig, wenn es um die Salsamusik geht, „der Salsa" stimmt, wenn wir den Salsatanz meinen. Konsequenterweise „das Salsa", wenn wir das Salsamusikstück meinen. Das folgt so lange aus den Regeln für Worte, die sich im Prozess der Eindeutschung mit unklarem Ausgang befinden, bis eine Geschlechterzuordnung für das Wort selbst eindeutig festgelegt wird. Ich persönlich bevorzuge heute „die Salsa", vielleicht aufgrund der Endung des Wortes und nehme mir heraus, das Wort „Salsa" in diesem Buch als eigenständiges Substantiv weiblichen Geschlechts zu verwenden.

Auch verwende ich keine verzweifelt zwiegeschlechtlichen Formen wie beispielsweise „der/die TanzlehrerIn/nen". Zum einen, um die Lesbarkeit zu verbessern, zum anderen, weil in der Presse diese Form so selten bei negativen Gruppen angewendet wird. Oder wie oft haben Sie schon die Formulierung „Betrüger und Betrügerinnen" im Radio gehört? Wer hierzu mehr wissen möchte, sei verwiesen an Bastian Sick, „Der Dativ ist dem Genitiv sein Tod".

Die Salsa ist kein "genormter" Tanz wie die europäischen Standardtänze, bei denen sowohl die Bewegungen der Gesichtsmuskeln als auch die Figuren im Detail feststehen, das eingefrorene Lächeln der Turnierpaare lässt so manchem Zuschauer kalte Schauer den Rücken herunterlaufen. Für viele Menschen, die die Standard-Szene als zu schematisiert empfinden, bietet die Salsa einen dringend benötigten Freiraum in unserer so stark reglementierten Enge. Dieser Freiraum ist zugleich Segen und Fluch. Paare aus unterschiedlichen Tanzschulen können zunächst kaum miteinander harmonisch tanzen, es werden andere Figuren und Grundideen vermittelt, die gleichen Figuren werden unterschiedlich benannt und wandeln sich recht schnell mit der Zeit. Und das ist auch gut so, ist dies doch Ausdruck der Lebendigkeit und Kreativität dieses Tanzes.

So möchte dieses Buch auch auf keinen Fall standardisierend wirken, sondern vielmehr eine Basis für eigenes Experimentieren und Weiterentwickeln bieten. Es würde mich freuen, wenn Sie mir Ihre Kommentare und besonders auch konstruktive Kritik mitteilen und mich an Ihren Erlebnissen teilhaben lassen würden. Am besten über meine Homepage www.salsa-kompendium.de.

Und nun wünsche ich Ihnen die Erfüllung vieler Ihrer Träume - Salsa kann Ihnen da sehr behilflich sein,

Ihr Bernd Gems

3. Das Nötigste zur Geschichte der Salsa

Dieses Kapitel ist geschrieben für Leute, die wissen wollen, wie Musik und Tanz entstanden sind. Es wird für die Bewegung auf der Tanzfläche nicht wirklich benötigt, klärt aber viele Fragen, die ab und zu einmal auftauchen. Auf Grundlage von eigenen Erfahrungen und Gesprächen vor Ort an der Quelle auf Kuba, durch intensiven Austausch mit Tanzlehrern verschiedenster Nationen in Deutschland und durch Studium von Literatur versuche ich hier, in aller Kürze ein möglichst ausgeglichenens Bild der Salsa-Geschichte zu geben. Natürlich streiten sich einige Nationen darüber, wo nun tatsächlich der allererste Stolperer im Salsatakt stattfand, auch wenn es das Wort „Salsa" als Tanz noch gar nicht gab. Immerhin ist erstens der Salsatourismus eine interessante Einnahmequelle und zweitens ist bei den „Latinos" und „Latinas" bekanntermaßen auch das Wort „Stolz" nicht unbekannt. Vielleicht ist es auch wie in der Mambo, zu deren Entdeckung der mögliche „Erfinder" Perez Prado sagte „Eines Tages im Jahre 1949 ist mir der Mambo eingefallen - und fertig". Hier nun der Versuch, die die Salsa betreffenden Eindrücke möglichst fair zusammenzufassen. Eine Literaturliste ist im Anhang zu finden für diejenigen, die sich intensiver einlesen wollen.

Bereits in der Einleitung ist meine zugegebenermaßen recht persönliche Lieblingsformulierung zur Salsa erwähnt worden, „die feurige Soße, die aus dem leicht fad schmeckenden Alltagsleben ein immer wieder aufregendes Gericht werden lässt". Eine andere mögliche Übersetzung von „Salsa" ist „Saft", und auch im „Lebenssaft" steckt die gleiche Aussage: erst Spaß macht das Leben lebenswert. Und ein solches Spaßelement war im Alltagsleben der Armen Zentralamerikas zwischen 1800 und 1900 (und wohl auch heute noch) für das Überleben dringend notwendig. Das Wort "Salsa" wird aber auch in despektierlichem Sinne verstanden als ein Einheitsbrei aus den verschiedensten Stilen, bis zur Konturlosigkeit gerührt. Oder, positiv, als eine hybride Mischung und Weiterentwicklung aus Stilen wie ChaChaCha, Mambo, Rumba, Son und Jazz und karibischen Rhythmen. Wie auch immer: Salsa kann viel Spaß machen, und das ist es, was zählen dürfte. Aber fangen wir von vorne an, kurze Zeit nach dem Urknall.

Der hinlänglich bekannte Christoph Kolumbus betrat am 28. Oktober 1492 als erster Europäer kubanischen Boden und nahm „Besitz" von der Insel für die spanische Krone. Da es dort in Folge natürlich ziemlich viel Arbeit gab, versuchten die Spanier zunächst, die dort heimischen Indios zur Arbeit zu zwingen. Diese protestierten auf die einzige und auch einigermaßen hinterhältige Art und Weise, die ihnen möglich war: sie starben, weil sie diese gegen ihr Naturverständnis gerichtete Arbeit nicht ertrugen. Wer kann schon die eigene Lebensgrundlage „Urwald" vernichten und gegen Felder eintauschen wollen? Daraufhin wurden ab 1531 afrikanische Sklaven importiert, hauptsächlich zur Arbeit im Tabak- und später auch im Zuckerrohranbau. Die Sklaverei hielt mehr als 350 Jahre an bis zu ihrer Abschaffung 1886, die, wen wundert es, weniger aus ethischen als aus wirtschaftlichen Gründen erfolgte. Damit lebten erstmals spanische und afrikanische Menschen auf der kleinen Insel zusammen.

Weitere wichtige Einflüsse kamen durch francophone Flüchtlinge, meist Plantagenbesitzer und Sklaven weißer und schwarzer Hautfarbe der haitianischen Revolutionskriege 1791 nach Kuba. Sie brachten Musik, Tänze und ihre Sklaven mit.

Aus dem englischen Wort „Country Dance" entwickelten die Spanier die Bezeichnung „Contradanza", die Franzosen „Contredanse" für ihre Gruppentänze, die bereits im 17. Jht. als Paartänze ausgeführt wurden mit einem die Figuren ansagenden Leiter, dem „Caller".

Wie so oft, entsteht wirkliches Neues aus einer allseitig bereichernden Begegnung unterschiedlicher Kulturen, was jedoch auch einer gegenseitigen Anerkennung bedarf. So entstand der zunächst rein afrikanische „Son", gesprochen „ßonn" als identitätsstiftende Musikrichtung der Sklaven kurz vor und während der Abschaffung der Sklaverei. Als frühen Ursprungsort des Son wird die Provinz „Oriente" auf Kuba vermutet, wo sich nach 1791 auch die haitianischen Flüchtlinge ansiedelten. Wesentliche musikalische und tänzerische Elemente der modernen Salsa wurzeln vermutlich dort und nicht zuletzt in eingeführten afrikanischen Tanz- und Trommeltraditionen.

Zunächst in der Komplexität des Taktes recht einfach gehalten, spiegelten die Texte die Lebenssituation der ohne Bildung aufgewachsenen Sklaven wider; insofern könnte der Son als spanisches Analogon zur US-amerikanischen Country Musik gelten. Meist ging es um Liebe, Sex und Frauen, oft ohne Scheu vor offenherzigen Worten der Umgangssprache. Die Zuschauer trugen die Rhythmen durch Klatschen, Aufstampfen mit den Füßen und afrikanisch geprägte Tanzbewegungen mit. Der Paartanz zum Son entstand durch Kombination dieser Schritte mit den europäischen Stilen der verschiedenen Formen der Contradanza bzw. des Contredanse. Die afrikanisch beeinflusste Musik und der zugehörige Tanzstil waren der Mittel- und Oberschicht naturgemäß höchst suspekt und galten dort als „unfein". In Bezug auf Tanzhaltung und Grundelemente des Taktes wäre der Son jedoch bereits als „irgendwie ähnlich einer Salsa" zu erkennen gewesen. Die Eigenart der „Realitätsflucht" hat bis heute Bestand.

Die Einstellung der Mittel- und Oberschicht begann sich zu ändern, als ab ungefähr 1910 US-amerikanische Plattenfirmen die Musik von kubanischen Son-Gruppen aufnahmen und diese eine erste Popularität erhielten. Dies war naturgemäß auch verbunden mit einer intensiven Reisetätigkeit der Son-Bands im karibischen und nordamerikanischen Raum, die neue Einflüsse brachte und den Son deutlich bereicherte. Musikalisch ist die Kombination von afrikanischer Perkussion und spanischer Gitarre zu einem bislang ungekannten Stil charakteristisch für die kubanische Musik. Kulturell stellt die Salsa ein wichtiges Verbindungselement zwischen der schwarzen und weißen Hautfarbe dar, gilt auch als „musica mulata, Mulattenmusik". Menschen afrikanischer und europäischer Abstammung konnten sich gemeinsam mit der Musik identifizieren, was eine grundlegend neue Entwicklung darstellte.

Der Son wurde zunächst von Trios gespielt, mit den Instrumenten „Tres" (eine Gitarre mit drei Saitenpaaren), Kontrabass und den in diesem Buch beschriebenen Rhythmusinstrumenten Bongo, Maracas und Claves. Später bestanden die Gruppen dann aus sechs Musikern (Sextett).

Aufgrund der kubanischen Revolution 1959 war es mit dem kulturellen Austausch auf Kuba dann erst einmal vorbei, nicht zuletzt aufgrund des amerikanischen Embargos. Die musikalische Entwicklung verlief entsprechend isoliert. Auf Kuba entwickelte sich in den 60er Jahren der „Casino-Stil", benannt nach der Bezeichnung für Clubs und Sportvereine, den „casinos deportivos". Man ging „Casino" tanzen. Noch heute wird dieser Stil auf Kuba getanzt und in Kursen europäischen Tanztouristen beigebracht.

Außerhalb von Kuba bildete sich New York als wichtiges Zentrum für die Weiterentwicklung des Son heraus. Dort kamen zu den spanisch-francophon-afrikanischen Einflüssen noch solche aus Puerto Rico und der Dominikanischen Republik hinzu, also von Einwanderern, die sich sprachlich und kulturell zugehörig fühlten, aber andere musikalische Entwicklungen durchgemacht hatten und auf der Flucht vor einer dramatischen Wirtschaftskrise waren. Auch der amerikanische Big Band-Stil und der Jazz fanden Eingang in den Son. Der „Schmelztiegel" New York, insbesondere der Stadtteil Spanish Harlem im Nordosten Manhattans, zeigte sich hier von seiner besten Seite und das Ganze sollte mehr sein als die Summe der Teile. So wurde die Salsa geboren, noch ohne ihren eigenen Namen zu kennen.

Wie es zur dieser Wortkreation wirklich kam, ist der Inhalt mancher Legende. So soll der Ausruf „Salsa!" einem Zuhörer eines besonders gelungenen Solos in seiner Begeisterung entfahren sein. Eine Variation dieser Hypothese besagt, dass der Ausruf „Enchale Salsa! - etwas mehr Feuer!" eine etwas schlappe Band anfeuern sollte. Zu lesen ist auch, dass dieses Wort von einem venezolanischen Radio DJ verwendet wurde und ihn überdauerte. Wieder andere behaupten, dass eine amerikanische

Plattenfirma „Fania Records" ganz cool und strategisch nach einem Wort suchte, das spanisch-exotisch klingt und trotzdem weltweit gut auszusprechen ist, um den internationalen Verkauf der Bands anzukurbeln. Das erste nachgewiesene Auftreten des Wortes in Verbindung mit diesem Musikstil war wohl 1932 im Stück „Enchala Salsita" von Ignacio Pineiro aus Kuba.

Wichtig für die Entwicklung der Salsa waren Bars wie das New Yorker „Palladium" in der 52. Straße, wo die Musiker um neue Dynamik wetteiferten und sich parallel zu den Bands eine Szene akrobatischer Tänzer entwickelte, was in dem Ausspruch „Hier sind alle Exhibitionisten" gipfelte. In den 60er Jahren des 20. Jahrhunderts kamen mit den Beatles und dem Rock'n Roll neue Stile auf, die die afrokubanischen Rhythmen zunächst an den Rand drängten. 1966 musste das Palladium daher geschlossen werden.

Zunächst als Begriff für einen „imperialistischen Diebstahl kubanischer Musik" geächtet, hat die kubanische Regierung gegen Ende des 20. Jahrhunderts die Bezeichnung „Salsa" auch für den eigenen Stil zugelassen. Nur so konnte sie verhindern, allzusehr von der internationalen Entwicklung abgekoppelt zu werden und gleichzeitig den Tourismus weiter ankurbeln. So konnte die Salsa sich auch zum verbindenden Element der Exilkubaner entwickeln - ein wichtiger Name in diesem Zusammenhang ist die Sängerin Celia Cruz. Der kubanische Nationaldichter Nicolás Guillén nannte die Salsa „klingenden Rum, mit den Ohren zu trinken".

Die Salsa erlebte, wie auch andere Stile, ihre Höhen und Tiefen. In den 80er Jahren des 20. Jahrhunderts hatte sie sich als Stil scheinbar gefestigt und verlor so ihre Entwicklungsdynamik, die sie ausmachte. Einen für den heutigen Erfolg wichtigen Impuls bekam die Salsa durch einen Sänger aus Kolumbien, der die kolumbianische „Cumbia", den haitianischen „Compas", Reggae und weitere Stile einmischte und so der Salsa neues Leben einhauchte.

Heute kennen wir in der Hauptsache den kubanischen „Casino-", den „Los Angeles-" und den „New York Style" in der Salsa. Der vielleicht wichtigste Unterschied in der Charakterisierung der kubanischen und US-Stile kann sein, dass der Casinostil eher gemütlich, rotierend und fließend wirkt, die US-geprägten Stile dagegen temporeich, sportlich und reich verziert mit Kicks und Taps deutlich schneller und komplexer wirken. In Deutschland lehrt die überwiegende Mehrzahl der Tanzschulen, auch aufgrund des starken Einflusses der Nordamerikaner nach dem 2. Weltkrieg, den New York Style.

Wer mehr wissen möchte, der möge sich in die vielfältige Literatur zum Thema einlesen, eine kleine Auswahl am Ende dieses Buches.

4. Wichtige Grundlagen von Salsa

„Praxis ohne Theorie ist blind, Theorie ohne Praxis unfruchtbar"

John Desmond Bernal, irischer Physiker

Voraussetzung dafür, den Partner in den Armen dahinschmelzen zu sehen, ist natürlich ein souveränes Beherrschen von Takt, Schritt und Haltung. Dann wird Harmonie in einer Form vermittelt, die im sonstigen Lebensumfeld kaum möglich ist. Schauen wir uns daher zunächst einmal die wichtigsten Rhythmusinstrumente an, die den Tanztakt vorgeben. Dann geht es um Takt und Schlag, um zu verstehen, was wir da eigentlich auf der Fläche tun sollen. Wer nicht als Baby den Salsatakt wie eine eigene Sprache gelernt hat, lernt oft schneller mit ein wenig fundiertem Wissen im Hintergrund.

Nehmen Sie die Takttrainings-Audio-CD zur Hand und hören Sie die Klänge einzelner Instrumente, während Sie diesen Abschnitt lesen.

4.1 Die Rhythmusinstrumente der Salsamusik

Als Perkussionsinstrumente werden diejenigen Schlaginstrumente bezeichnet, die nicht zum traditionellen Schlagzeug gehören. Diese Instrumente geben uns beim Tanzen Takt, Schlag und damit den Zeitpunkt der Schritte vor. Vorgestellt werden Congas, Bongo, Maracas, Glocke, Claves, Timbales, und Guiro.

4.1.1 Congas

Bild 4.1: Congas

Unter „Congas" wird ein Set aus zwei großen Standtrommeln verstanden. Es gehört zu den wichtigsten Instrumenten der Salsa und gibt dem Tänzer eine vorzügliche Richtschnur für den Takt.

Der Ursprung der afrikanischen Trommeln dürfte wohl ein hohler Baumstamm mit Holzfüßen gewesen sein, an dessen oberes Ende ein Tierfell straff gespannt angeleimt war. Sie kamen durch afrikanische Sklaven nach Kuba, wurden zunächst dort weiterentwickelt und werden heute in ganz Lateinamerika verwendet. Ein Set dieser Standtrommeln besteht heute meist aus zwei Instrumenten: Quinto und Tumba. Sie unterscheiden sich im Durchmesser und damit in der Tonhöhe. Das Anschlagen erfolgt mit der Hand des „Conguero" auf die Bespannung.

Heutige Standtrommeln sind zwischen einem halben und einem Meter hoch und stehen meist als Paar auf einem Metallfuß. Das Schlagfell wird heute durch Spannreifen fixiert, wie im Bild gut zu sehen. Häufig wird von Laien umgangssprachlich der Begriff „Conga" für eine einzelne Standtrommel verwendet. Die Trommeln werden auch als „Straßencongas" mit Halteriemen für die Schultern verwendet, inspiriert von der „Boku", den original kubanischen Trommeln für den Straßenkarneval.

4.1.2 Bongos

Als kleine Brüder der Congas werden Bongos paarweise verwendet, unterschiedlich in Größe und Klang. Die größere heißt Hembra, die kleinere Macho. Beide haben die gleiche Bauhöhe und unterscheiden sich im Durchmesser. Die Bespannung wird in Ziegenleder oder Kunststoff ausgeführt, der unten offene Klangkörper wird traditionell aus Holz, heute auch aus Metall gefertigt.

Bongos werden mit Fingerkuppen, Handballen oder seltener mit Stöcken gespielt und bieten dem virtuosen Spieler beachtliche Möglichkeiten der Variation. Sie werden vom Bongosero sitzend gespielt, zwischen den Knien gehalten, bei Rechtshändern mit der kleinen Bongo am linken Knie.

Bild 4.2: Bongos

Im Bereich der lateinamerikanischen Musik finden sie weite Verbreitung, nicht nur für die Salsa.

4.1.3 Maracas

Maracas, im Singular eine Maraca oder deutsch Rassel, Rumbakugel oder Nuss, gehören zu den am weitest verbreiteten Instrumenten der Perkussion und sind fester Bestandteil jeder Salsa-Band. Sie erlauben viele unterschiedliche Möglichkeiten zur Akzentuierung der Musikstücke. Ursprünglich wurden Maracas aus Flaschenkürbissen oder Kokosnüssen mit einer Füllung aus harten Samenkernen oder Bohnen hergestellt, heute sind sie natürlich auch mit einer Hülle aus Kunststoff, Holz oder ungegerbtem Leder (Rohleder) in verschiedenen Größen und mit unterschiedlichen Füllungen erhältlich.

Bild 4.3: Maracas

Indianische Ureinwohner Südamerikas erzeugten als erste mit Hilfe von Maracas rhythmische Muster. Mit dem Einfluss spanischer Eroberer wurden diese Instrumente weiterentwickelt, ihre Nähe zu spanischen Kastagnetten ist nicht zufällig. Maracas sind auch heute noch in der lateinamerikanischen Volksmusik stark vertreten, finden aber auch in modernen Tanzensembles ihren Platz. Ihre weite Verbreitung zeigt sich in der Zahl der unterschiedlichen Bezeichnungen wie Tscha-tscha in Haiti, Maracá in Brasilien, Sonajas in Mexiko, Ayacaztli auf altaztekisch,

Chin-chin in Guatemala, Guajey in San Domingo, Huada bei den Araukanern in Chile, Maruga in Kuba, Mbaracá bei den Guarani-Indianern, Nasisi in Panama, Ieumai in Venezuela, Shakers im Englischen.

Mit Maracas wird ein hoher, rasselnder Ton produziert, ein aktivierendes Pulsieren, sie sind daher für die moderne, schnelle Salsa ein wichtiges Klanginstrument, das die Tänzer zu mehr Dynamik und noch gewagteren Figuren motiviert.

4.1.4 Salsaglocke

Dieses etwas roh wirkende Instrument hat viele Namen: Glocke, Handglocke, Salsaglocke, Cencerro, Cowbell, Kuhglocke oder Campana. Und genau so, wie es den bayerischen Landwirten mit Hilfe der Kuhglocken gelingt, verlorene Kühe in der unwegsamen bayerischen Wildnis wiederzufinden, genau so wirkt diese Glocke auch in der Salsa als Rettungsglocke. Viele Tänzer kommen erst dann wirklich mit ihren Füßen in den Takt, wenn die Cowbell geschlagen wird.

Bild 4.4: Salsaglocke

Die in der Salsa verwendeten, trapezförmigen Campanas sind heute meist aus Stahl und werden mit einem Schlegel oder einem Hartholzstab (Clave) angeschlagen. Da sie in der Hand gehalten werden, kann der Klang nicht nur durch Art und Ort des Anschlags variiert werden, sondern auch durch den Griff der festhaltenden Hand. Eine Abdämpfung beispielsweise kann durch den Zeigefinger erfolgen.

4.1.5 Claves und Woodblock

Claves sind traditionell zwei gerade Stäbe aus Hartholz, die aufeinanderschlagen werden und bei uns den sinnigen Namen „Klanghölzer" erhalten haben. Es kann vermutet werden, dass diese Art der Klangerzeugung wohl zu den ältesten der Menschheit gehört - sie bildet die historische und musikalische Basis afrokubanischer Rhythmen, wenn auch heute in der Salsa die Conga wichtige Führungsaufgaben übernommen hat. Wie das Bild zeigt, wird ein Stock so auf eine Hand gelegt, dass darunter ein Hohlraum entsteht. Dies ist der Klangkörper des Instruments!

Als bei einem Tanztraining auf Kuba das Tanzen allein auf die Clave an die Reihe kam, war dies der eigentliche Ausgangspunkt für mein Interesse an der Salsa. Westliche Rhythmen aus dem Standard/Lateinkurs traditioneller Tanzschulen gewohnt, bei denen im Großen und Ganzen jeder Fußtritt auf einen hörbaren Schlag der Musik erfolgt, war ich völlig unfähig, in diesen verqueren Zwischenschlägen irgendeinen Sinn für die Fußarbeit zu erkennen. Glücklicherweise gab es abends im legendären Lokal „Dos Hermanos" Ulrike, die mir auf einer Serviette einfach mal schnell die Salsa neu erklärte. Danach war's klar.

Bild 4.5: Claves

Nun ist es für eine Salsa-Band so eine Sache, einen eigenen Clave-Spieler abzustellen. Also wurde in der neueren Vergangenheit versucht, ein Instrument zu schaffen, das auf einem Ständer montiert werden kann und bei Anschlag mit einem Schlegel einen Claves-Klang erzeugt. Im Bild das Ergebnis namens „Woodblock" aus glasfaserverstärktem Kunststoff mit beachtlicher Klangnähe zum Hartholz. Ältere Versionen des „Woodblock" waren tatsächlich noch aus Holz.

Bild 4.6: Woodblock

4.1.6 Timbales

Die Übersetzung von Timbales lautet „Pauke" oder „kleine Trommel", dies sind auch ihre nächsten Verwandten. Gespielt wird sie jedoch meist mit zwei schlanken, leichten Schlegeln. Ein Timbales-Arbeitsplatz verfügt heute immer auch über fest montierte Timbales-Glocken, die den oben beschriebenen Salsa-Glocken sehr ähneln, jedoch mit einem Befestigungspunkt ausgestattet sind, und einen Woodblock.

Bis Anfang der sechziger Jahre des 20. Jahrhunderts waren Timbales lediglich in lateinamerikanischer Musik zu hören, zusammen mit dem wachsenden Einfluss der Latinomusik haben sie seither auch verstärkt Eingang in die europäische Musik gefunden. Es gibt sie in der ausgewachsenen Timbales-Form sowie auch als eine kleinere Variante, die Timbalitos.

Bild 4.7: Timbales

Im Foto ist ein viel gespieltes Instrument zu sehen, dessen Schlagfläche der Musiker zusätzlich mit Klebeband versehen hat, um den gewünschten Klang zu erzielen. Die zwei Trommeln sind auf unterschiedliche Tonhöhen gestimmt und werden gemeinsam auf einen Ständer montiert, die größere Trommel im Gegensatz zur Bongo links von Musiker. Sie werden im Stehen gespielt.

4.1.7 Guiro

Bild 4.8: Guiro

Wörtlich übersetzt „Gurke", wurde dieses Instrument afrikanisch-kubanischer Herkunft ursprünglich aus einem Kürbis mit außen geschnitzten Rillen hergestellt und besteht heute in der Regel aus Kunststoff. Im Bild sichtbar eines der beiden Haltelöcher, die für den Daumen und Mittelfinger der linken Hand des Musikers vorgesehen sind.

Wird ein Stock druckvoll in Auf- und Abwärtsrichtung über die Rillen bewegt, entsteht der schnarrende Klang dieses Instruments, das im deutschen Sprachraum klanglich passend als „Schrape" bezeichnet wird. Es ist besonders in Lateinamerika weit verbreitet und gehört zu den üblichen Klangerzeugern auch bei der Salsa.

4.1.8 Becken

Das Becken ist aus der europäischen Musik hinlänglich bekannt auch unter dem englischen Namen „Cymbals". Es besteht aus metallischen Legierungen wie Bronze, Neusilber oder Messing bei Durchmessern bis rund 60 cm. Die Legierung ist wichtig für den Klang und wird bei den Herstellern oft als „Königswissen" geheim gehalten. In der Salsa wird es häufig neben die Timbales gestellt und geschlagen.

Bild 4.9: Becken

Becken können angeschlagen werden mit Stöcken, Besen oder auch filzüberzogenen Schlegeln. Im Bereich der für die Salsa wichtigen Perkussionsgruppe sind sie auch als kleine, sogenannte Finger-Becken anzutreffen.

Je nach Klangziel des Komponisten können zusätzlich noch beliebige Instrumente zum Einsatz kommen - theoretisch vom Ölfass bis zur Harfe. Der Einfluss der amerikanischen Big Bands zeigt sich besonders in der Blechbläsergruppe, bestehend je nach Bandausstattung aus den bekannten Instrumenten Trompete, Posaune und Saxophon. Die Melodie kann auch von Flöten, Violinen oder Gitarren mitgetragen werden, hinterlegte Harmonien werden durch Piano oder Bass gestaltet, die ihrerseits auch eigene rhythmische Muster spielen, bisweilen zur größten Irritation von uns bedauernswerten Tänzern.

Die folgende Tabelle zeigt eine kurze Übersicht der wichtigsten Salsa-Instrumente. Je nach persönlicher Auffassung dürften einige Instrumente zu viel sein, andere vielleicht fehlen. Eine detaillierte philosophische Diskussion möge sich unter den Musikern gerne anschließen.

Rhythmus	Melodie/Bläser	Harmonie
Congas	Trompete	Piano
Timbales	Posaune	Bass
Claves	Saxophon	Gitarre
Bongos	Flöte	
Campana	Violine	
Maracas		
Guiro		
Becken		

Tabelle 4.1:   *Die Zuordnung der wichtigsten Instrumente der Salsa*

Es sei an dieser Stelle erwähnt, dass Melodieinstrumente zu einem gegebenen Zeitpunkt immer nur genau einen Ton hervorbringen können, Harmonieinstrumente jedoch mehrere gleichzeitig, beispielsweise Akkorde.

Zu den Instrumenten kommt immer auch Gesang eines Solosängers sowie ein Chorus, dessen Mitglieder meist durch die Instrumentenspieler gebildet werden. Der in der Salsa übliche Wechselgesang zwischen

Solosänger und Chorus ist dabei auch charakteristisch für afrokubanische Musik im Allgemeinen.

4.2 Das Freiburger Salsa-Orchester „APOCALYPSO"

Instrumente werden von Musikern gespielt - sie produzieren die Musik, die uns auf der Tanzfläche so viel Spaß macht. An dieser Stelle stelle ich das Freiburger Salsa-Orchester „APOCALYPSO" vor - über 10 Mitglieder sorgen für die richtige Stimmung auf kleinen und großen Veranstaltungen. An dieser Stelle lasse ich am besten das Orchester, vertreten durch den Leader Peter Welte, selbst zum Entwicklungsstand des Orchesters im Jahr 2005 sprechen:

„APOCALYPSO ist eine Salsa-Formation, die auf mehr als 20 Jahre Erfahrung mit 'Latino'-Musik zurückblicken kann, seit einer Zeit, als der Begriff 'SALSA' in Europa noch nahezu unbekannt war. Meine Freundschaft zu dem Studienkollegen Hector Martignon, welcher seit Jahren in New York lebt und heute Pianist des Orchesters Ray Barretto ist, führte mich als Posaunisten, Komponisten, Arrangeur und Bandleader zu dieser feurig-mitreißenden Musik aus Südamerika. Ich hatte nicht nur das Glück, mit legendären Solosängern der Salsa wie Santos Colon und Adalberto Santiago Ende der 70er Jahre Konzerte in Frankfurt am Main zu geben, sondern konnte auch mit Alfredo de la Fe zusammenarbeiten.

Da war es nur natürlich, dass das Orchester in kurzer Zeit zu einer authentischen Salsaformation heranwuchs. Überall, wo APOCALYPSO spielte, war das Publikum erstaunt und begeistert von dieser neuen Musik, auch wenn es noch nicht danach tanzen konnte. Letzteres hat sich in der Zwischenzeit gründlich geändert. So ist diese Gruppe 'Salseros' heute mit noch mehr Enthusiasmus bei der Sache als zu Zeiten der Gründung."

Bild 4.10: Das Freiburger Salsa-Orchester „APOCALYPSO"

4.3 Salsa - die Musik

4.3.1 Der „klassische" Aufbau eines Salsastücks

Ein Salsastück besteht im wesentlichen aus zwei Teilen, dem „Strophenteil" oder „Thema" und dem „Montuno-" oder „Improvisationsteil". Im ersten Teil wird mit Gesang vorgestellt, um was es in dem Stück geht. Dann folgt im Montunoteil die Abwechslung zwischen einem Chor, der eine markante Aussage singt, und dem Solosänger, der aus dem vorherigen Text kurze Improvisationen spontan kreiert. Im Montunoteil kommen auch mit Soli einzelne Instrumente zur Geltung. Der Wechsel zwischen Chor und Solist hat seine Wurzeln in Afrika, wo sich bei der Feldarbeit auch gemeinsamer Gesang mit einem einzelnen Sänger abwechseln.

Ein Salsastück besteht dazu noch aus untergeordneten, verschieden langen Abschnitten wie dem Intro (Eingang), den Überleitungen oder Breaks, Mambo, Moña, Soloparts und Outro (Ausgang). An dieser Stelle wird der Ablauf schematisch dargestellt:

Strophenteil des Salsa-Musikstücks				
Es spielen die Instrumente		Vocal und kurze Figuren der Bläser		Vocal und kurze Figuren der Bläser
Intro	Break	Strophe 1, A- und ggf. B-Teil	Break	Strophe 2, A- und ggf. B-Teil

Es folgt ein Break oder eine Überleitung zum

Montunoteil des Salsa-Musikstücks							
Vocal und Chorus	Instrumente		Bläser 4X 4 Takte	Vocal und Chorus		Bläser 4X 4 Takte	Vocal und Chorus
evtl. mehrfach Wechsel	Soli	evtl. Break	Mambo	evtl. mehrfach Wechsel	evtl. Break	Moña	evtl. mehrfach Wechsel

Zum Abschluss evtl. noch ein Break und das Outro

Tabelle 4.2: *Ablauf eines klassischen Salsamusikstücks*

Der Montunoteil wird vom Bongospieler eingeleitet bzw. durch seinen Wechsel von Bongos zur Campana eingeläutet. Als Signal stabilisiert es das Timing des Chors sowie der Improvisationen und öffnet die Musik auf diese Weise einem großen Variationspektrum. Der Timbalesspieler wechselt an dieser Stelle mit einer Hand von der Blechkante (Cascara) des Instrumentes auf die dominierenden Timbalesglocken. Diese sollen die Aufmerksamkeit auf die nun folgenden Elemente der Musik lenken.

Erklärungsbedürftig in der obigen Tabelle ist der Mambo-Abschnitt innerhalb des Montunoteils. Er ist dadurch gekennzeichnet, dass ein eigener Rhythmus mit anderen Harmonien (Akkorden) gespielt wird. Dazu spielen die Bläser noch eine oft 4-taktige Figur, die sich meist 4-mal wiederholt. Im Montunoteil ist auch Platz für Soli jeglicher Art für die Instrumente der Perkussion, das Piano, die Trompete, Trombone (Posaune), Flöte oder andere Instrumente.

4.3.2 Der Takt

Alles, was im Folgenden beschrieben ist, ist manchmal graue Theorie, sobald Sie auf der Tanzfläche stehen und hilft dennoch mittelfristig enorm weiter. Denn manche Musiker scheinen die Herausforderung zu lieben, möglichst komplexe, nur noch für Fachleute hörbare Rhythmen zu entwickeln mit einer Vielzahl von ausgelassenen Schlägen, Zwischenschlägen, ganz anderen Schlägen und weiteren, für Musiker sicher sehr spaßigen Elementen. Der arme Tänzer auf der Fläche kann da schon ganz schön ratlos dastehen, wenn er für das Paar den Anfang finden soll. Und so sind auf den Salsa-Tanzflächen die Tänzer meist höchst uneins darüber, wo denn nun Geschwindigkeit und die Lage der "1" eigentlich vermutet wird.

Trotz aller Kreativität und dem zweifelsfrei großen Können der Musiker lassen sich glücklicherweise einige Orientierungspunkte beschreiben, von denen nahezu immer wenigstens einer hörbar ist oder sein sollte. In diesem Abschnitt wird versucht, diese Orientierung zu vermitteln, damit Sie es selbst leichter haben oder den Tanz besser vermitteln können.

An dieser Stelle nochmals der Tipp an die Herren: starten Sie erst, wenn Sie den Takt hören! Auch wenn die inzwischen vom Herumstehen ernsthaft genervte Dame deutliche Zeichen der Nervosität zeigt oder ungehörigerweise selbst schon einmal anfängt, nicht irritieren lassen! Wenn Sie, meine Herren, den Takt nicht hören, geht die Sache daneben. Die Dame kann hilfreich in den Takt führen durch "1-2-3" Händedruck auf seinem Arm (sieht so auch die Umgebung nicht), aber der Herr fängt erst an, wenn er es auch nachvollziehen kann. Lieber ein paar mal bedacht warten als immer falsch tanzen. Lästereien über Herren, die souverän durch 20 Figuren führen können, den Takt aber immer nur zufällig und ausnahmsweise treffen, kenne ich zur Genüge - so richtig Freude macht den Damen das nicht!

Schauen Sie sich also die nächsten zwei Abschnitte sorgfältig an und hören im Wohnzimmer ein paar Salsa-Musikstücke. Jedes Mal werden Sie mehr erkennen und dann auch auf der Tanzfläche immer harmonischer und begeisternder. Die Glückshormone oder "Endorphine" der Salsa beginnen erst mit dem Hören des Taktes zu fließen!

4.3.3 Der Takt in der Salsamusik

Zunächst einmal ist alles ganz einfach. Die Salsamusik wird im 4/4 (sprich "vier Viertel") Takt gespielt. Jeder Takt besteht aus vier Schlägen, die zeitlich gleich lang sind.

1	2	3	4

Tabelle 4.3: *Ein einzelner Takt der Salsamusik, bestehend aus vier Schlägen*

Da in der Salsamusik die rhythmischen Muster 2-taktig sind, werden im Folgenden grundsätzlich 2 Takte betrachtet, was dann aussieht wie folgt:

Takt 1				Takt 2			
1	2	3	4	5	6	7	8

Tabelle 4.4:   *Das Taktpaar der Salsamusik*

Typische Geschwindigkeiten der Salsamusik betragen 180 bis 220 der beschriebenen Viertelschläge pro Minute. Nun ist das natürlich viel zu einfach, um einen wahren Instrumentalisten des Rhythmus herauszufordern. Also wurden Zwischenschläge eingeführt, was im Folgenden illustriert ist:

Takt 1								Takt 2							
1	&	2	&	3	&	4	&	5	&	6	&	7	&	8	&

„&", sprich: „und"

Tabelle 4.5:   *Die wesentlichen Schläge und Zwischenschläge*

Die zeitlichen Abstände sind glücklicherweise jeweils gleich. Bis hierher sieht alles für uns noch recht vertraut aus, eine typische Tanzschul-ChaCha funktioniert ähnlich. Der Unterschied wird offensichtlich bei der oft erfolglosen Suche der Tänzer nach der „1" sowie der Geschwindigkeit der Musik: der Einsatz von Rhythmusinstrumenten in der Salsa widerspricht unseren Hörgewohnheiten. Betrachten wir zur Verdeutlichung einen Wiener Walzer. Die Instrumente geben nicht nur das **1**-2-3 sehr deutlich vor, auch die „**1**" wird im ganzen Musikstück stärker betont.

Nicht so in der Salsamusik, da spielen die Instrumente eher um die „1" herum, führen uns hinein, aber meist ohne klar zu hörenden, dominierenden Schlag bei „1". Den Takt zu hören ist daher nicht ganz einfach, Schwierigkeiten sind normal und dürfen also auch sein.

Ich bezeichne im Folgenden, wenn ich mich auf Zwischenschläge beziehe, diese nach dem Schlag, auf den sie folgen. Beispielsweise wird der Zwischenschlag „und", der auf den Schlag „2" folgt, als „2und" beschrieben.

4.4 Vom Takt zum Tanz

Die Instrumente wurden weiter vorn im Buch bereits vorgestellt, nun zu ihrem Klang, Zusammenspiel und der Bedeutung für das Tanzen.

Wer die Klänge der einzelnen Instrumente kennt, findet einfach und sicher in den Takt.

Folgender Abschnitt wird leicht verstanden, wenn Sie die zugehörige Takttrainings-Audio-CD zur Hand haben. So erschließen sich Ihnen schnell die typischen und immer wiederkehrenden Klangmuster. Dass Salsa-Bands natürlich alle Freiheiten haben, die typische Spielweise abzuändern und dies zur Stiftung maximaler Verwirrung bisweilen natürlich auch nutzen, ist nachvollziehbar. Wer aber die einzelnen Instrumente und ihr Spiel kennt, der findet immer einen guten Orientierungspunkt.

Die Musik der Takttrainings-Audio-CD ist in Zusammenarbeit mit Freiburgs Salsa-Orchester „APOCALYPSO", entstanden, der ich an dieser Stelle meinen besonderen Dank für die große Mühe und investierte Leidenschaft aussprechen möchte.

Nehmen Sie jetzt die Takttrainings-Audio-CD zur Hand, um die folgenden Seiten nicht nur theoretisch, sondern auch praktisch nachzuvollziehen. Dies ist zwar nicht unbedingt erforderlich, aber sehr hilfreich. Sie können natürlich auch anhand einer geeigneten, handelsüblichen Salsa-Musik-CD versuchen, die beschriebenen musikalischen Elemente zu erkennen.

Auf der CD finden Sie nach dem Intro mit **CD-Stück 2** eine mit 80 Schlägen pro Minute sehr langsam gespielte Salsa. Es spielen nur wenige Instrumente, damit Sie die Prinzipien klar erkennen können. Hören Sie sich das Stück einfach einmal an - vielleicht finden Sie ja schon den Takt. Als Tanzlehrer ist dieses Stück ideal, um den Tanzschülern eine erste Annäherung an die Orientierung im Tanz zu vermitteln. Mehr zu den dahinterstehenden Grundlagen im Folgenden.

4.4.1 Der Strophen-Teil in der Salsamusik

Fast alle Salsa-Musikstücke beginnen mit dem Strophen-Teil, dessen rhythmische Muster in einer Salsa immer wieder zu hören sind. In diesem Kapitel wird beschrieben, wie Congas und Claves spielen und wie die Tänzer sich anhand dieser Instrumente orientieren können.

Die Congas

Die Congas geben den Takt für die gesamte Band vor. Alleine nach den Congas zu tanzen ist demnach natürlich immer möglich, vielleicht ein wenig anspruchsvoll, aber auf jeden Fall machbar. Die Conga spielt Klangmuster, die nahezu immer in der Salsamusik zu hören sind - wer sie kennt, wird nicht mehr daneben liegen mit seinen Füßen.

Besonders charakteristisch ist das auf die Bespannung geschlagene, recht dumpf klingende „dudumm", das an den in der folgenden Tabelle gezeigten Momenten gespielt wird.

								Siehe **Titel Nr. 3** auf der Takttrainings-Audio-**CD**							
Takt 1								**Takt 2**							
1	&	2	&	3	&	4	&	5	&	6	&	7	&	8	&
						●	●							●	●

Tabelle 4.6:   *Das „dudumm" der Conga, der füllige Ton durch einen gefüllten Kreis symbolisiert*

Als Kurskorrektur für die Tänzer ist der hart klingende „Slap" hilfreich. Er wird auf „2" und auf „6" geschlagen, beide Zeitpunkte werden in der folgenden Tabelle gezeigt.

								Siehe **Titel Nr. 3** auf der Takttrainings-Audio-**CD**							
Takt 1								**Takt 2**							
1	&	2	&	3	&	4	&	5	&	6	&	7	&	8	&
		Δ								Δ					

Tabelle 4.7:   *Der kurze, harte „Slap" der Conga symbolisiert durch ein Dreieck*

Natürlich werden diese Hauptschläge der Conga vom virtuosen, kreativen Musiker variiert und ergänzt durch weitere Schläge, die uns jedoch nun nicht mehr ablenken.

Die Idee hinter der Spielweise der Conga ist es, die „1" rechtzeitig einzuleiten - die Tänzer sollen das „dudumm" hören und dann mit dem Schritt so beginnen, dass bei der dann unbetonten „1" der linke Fuß richtig auftritt. Dies ist eine grundsätzlich andere Vorgehensweise als bei der europäischen Musik, bei der die Schläge der Instrumente in der Regel genau den Zeitpunkt des Schrittes angeben wie sehr deutlich beim Wiener Walzer mit seinem typischen „1-2-3" zu hören.

Hören Sie in einem ruhigen Moment, vielleicht an der Bar, der Musik zu und identifizieren Sie das „dudumm". Lassen Sie sich dann zum Zählen von „1-2-3" und „5-6-7" inspirieren und achten darauf, dass das „dudumm" immer in den Pausen bei „4" und „8" liegt. Mit dieser Fähigkeit liegen Sie immer gut im Takt, wenn es später auf die Tanzfläche geht.

Die Claves

Die Schläge der Claves sind in fast jeder Salsa zu hören und geben gerade in denjenigen Abschnitten des Tanzens, die den meisten Tänzern Probleme bereiten, eine sichere Basis für die Bewegung der Füße, wenn der Tänzer sie als Orientierungspunkte zu hören weiß. Die Clave wird als 2/3- oder als 3/2-Clave gespielt, je nachdem wie die Schläge innerhalb der Takte verteilt sind bzw. je nach Komposition.

Die nächste Tabelle zeigt die 2/3-Clave mit 2 Schlägen im ersten und 3 Schlägen im zweiten Takt. Darauf folgend eine Tabelle mit der 3/2-Clave.

Siehe **Titel Nr. 4** auf der Takttrainings-**CD**															
Takt 1								Takt 2							
1	&	2	&	3	&	4	&	5	&	6	&	7	&	8	&
		●		●				●			●			●	

Tabelle 4.8:   *Die Schläge der „2/3"-Clave*

Siehe **Titel Nr. 4** auf der Takttrainings-**CD**															
Takt 1								Takt 2							
1	&	2	&	3	&	4	&	5	&	6	&	7	&	8	&
●			●			●				●		●			

Tabelle 4.9:   Die Schläge der „3/2"-Clave

Auf den folgenden, oben noch nicht erwähnten Titeln der Takttrainings-Audio-CD werden die Instrumente Bass, Timbales, Guiro, Bongo, Maracas und Piano nacheinander einzeln und gemeinsam so vorgestellt, wie sie im Strophenabschnitt üblicherweise gespielt werden. Nach diesen Stücken tanzen zu lernen ist von einiger Bedeutung, da beispielsweise der Bass oft einen täuschenden Schwerpunkt legt und so die Tänzer in die Irre führen kann. Das wird Ihnen nicht passieren!

Wenn Sie die weiteren Medien nicht verwenden wollen, können Sie natürlich die beschriebenen rhythmischen Muster auch in der Tanzbar Ihrer Wahl bei den dort gespielten Musikstücken zu identifizieren versuchen. Dies ist nicht immer ganz einfach, insbesondere weil die charakteristischen Muster nur selten in einer gut hörbaren Form gespielt werden.

4.4.2 Der Montuno-Abschnitt der Salsa

Meist setzt dieser Abschnitt einige Zeit nach Beginn des Musikstückes ein, oft von einem Break eingeleitet. Der Klangeindruck der Musik ändert sich erheblich, das Tanzen wird deutlich einfacher. Im Folgenden die Beschreibung charakteristischer, bei der Taktfindung in diesem Abschnitt hilfreicher Spielweisen der Instrumente.

Die „Rettungsglocke" oder Salsaglocke

Nun haben die bisher notierten Instrumente die unangenehme Eigenschaft, dass sie auch und insbesondere Zwischenschläge liefern und damit als Basis für das Tanzen durchaus anspruchsvoll sein können. Die Rettung naht in Form der „Salsaglocke", auch „Campana", „Cowbell" oder „Kuhglocke" genannt, die den Montuno-Teil der Salsa kennzeichnet. Dieses Instrument wird nahezu immer zu vollen Schlägen angeschlagen und ermöglicht so ein sicheres Tanzen. Bei Einsetzen der Glocke kommt plötzlich ein immer größerer Anteil der Tänzer auf der Fläche in den Takt, da können sich die meisten kaum noch wehren. Die folgende Tabelle zeigt die Hauptschläge der Cowbell.

								Siehe **Titel Nr. 18** auf der Takttrainings-Audio-**CD**							
		Takt 1									**Takt 2**				
1	&	2	&	3	&	4	&	5	&	6	&	7	&	8	&
▲				▲				▲				▲			

Tabelle 4.10:   *Die Hauptschläge der „Salsaglocke" im Montuno-Teil*

Je nachdem, wo die Glocke angeschlagen wird, entsteht ein dumpfer oder heller Klang. Die voluminösen und gut hörbaren Kuhglockenschläge kennzeichnen „1", „3", „5", „7". Oft wird dieses Instrument zusätzlich noch mit dünnen, harten Schlägen gespielt. Da dies zweitaktig durchgeführt wird, Takt 1 und Takt 2 also unterschiedlich sind, können die Takte mit Hilfe der dünnen Schläge unterschieden werden. In der folgenden Tabelle ist dies dargestellt.

	Siehe **Titel Nr. 18** auf der Takttrainings-Audio-**CD**														
Takt 1								**Takt 2**							
1	&	2	&	3	&	4	&	5	&	6	&	7	&	8	&
		△				△	△			△	△			△	△

Tabelle 4.11:   *Die dünnen, harten Schläge der „Salsaglocke" im Montuno-Teil*

Das Montuno-Klangmuster der Timbales ist auf der Takttrainings-Audio-CD als **Titel 19,** das Zusammenspiel mit der Cowbell als **Stück 20** zu hören. **Titel 21** zeigt alle Instrumente, Perkussion und Melodie, zu einem typischen Montuno-Klang zusammengefügt.

Sie verfügen nun über alle Kenntnisse, um in beiden Abschnitten einer Salsa sicher zu tanzen. Um dies abschließend zu üben, wird mit **Titel 22** eine vollständige Salsa im Zeitraffer bei normaler Geschwindigkeit vorgestellt. Sie finden darin das Intro, einen Break, den Übergang in den Montuno-Teil und den Rücksprung vom Montuno- in den Strophen-Teil bzw. das Outro.

Der Takt ist die wichtigste Grundlage - wenn der sitzt, wird das Erlernen von Haltung, Körperbewegung und Figuren in der Tanzschule eine recht einfache Sache. Zusätzlich zu den beschriebenen, formalen Verfahren, um in den Takt zu finden, gibt es weitere Elemente in der Musik, die hierbei hilfreich sein können. Keiner der folgenden Tipps kann für sich beanspruchen, als „Regel" verstanden werden zu wollen. Jeder Hinweis ist als „schwach" zu verstehen. Dennoch helfen sie manchmal zusätzlich bei der Findung von „1" und dem Tempo.

- Instrumente können bei der „1" deutlich einsetzen.

- Rhythmische Muster und Melodien können bei einer "1" anfangen und sich, vielleicht in Variationen, wiederholen. Hier kann es helfen, sich auf ein einzelnes Instrument zu konzentrieren und den Moment des Wiederholungsanfangs herauszufinden. Günstig hierfür sind als Rhythmusinstrumente u. a. Bongo, Timbales und Campana. Das Piano als Begleitinstrument ist bisweilen auch ein guter Orientierungspunkt.

- Bei Gesang ist es oft so, dass die betonte Silbe des wichtigsten Wortes im Satz auf die „1" gelegt wird.

Es sei nochmals darauf hingewiesen, dass diese Orientierungspunkte sehr schwach sind.

4.4.3 Umsetzen der Musik im Tanz

Der Grundschritt GS richtet sich natürlich nach dem Takt der Musik. Diesen können wir nun, nach Bearbeiten des letzten Kapitels und der Takttrainings-Audio-CD oder der Takttrainings-Video-DVD, in den allermeisten Fällen gut hören.

Zur Wiederholung hier nochmals das rhythmische Grundmuster der Salsamusik, soweit es für den Grundschritt wesentlich ist.

Takt 1				Takt 2			
1	2	3	4	5	6	7	8

Tabelle 4.12:   *Takte und Schläge für den GS*

Für den Anfang erfolgen Fußbewegungen zunächst nur bei 1-2-3 und 5-6-7, die Schläge "4" und "8" sind erst einmal Pausen. Es ist zum Lernen der Salsa unendlich wichtig, die Pausen präzise tanzen zu können. Es ist also besser, erst einmal zu versuchen, bei „4" und „8" den Körper, zu dem auch die Füße gehören, völlig ruhig zu halten und so eine „harte Pause" zu tanzen. Das wirkt etwas abgehackt, bietet aber die perfekte Ausgangsbasis für späteren, lockeren Spaß. Im Kopf kann man sich den Takt auch wie folgt vorsagen:

Takt 1				Takt 2			
1	2	3	Stop	5	6	7	Stop

Tabelle 4.13:   *Interpretation der Schläge 4 und 8 als Pause mit dem einsilbigen Wort „Stop"*

Der erfolgreiche Versuch, bei "Stop" als Paar völlig bewegungslos und stabil dastehen zu können, ist zugleich die Voraussetzung dafür, diese Regel der Bewegungslosigkeit in höheren Kursen erheblich umzuinterpretieren. Aber auch später immer mal wieder prüfen, ob die Pause noch sicher beherrscht wird. Zu oft wird die Pause "überlaufen" und der eigentlich bei "5" vorgesehene Schritt beginnt schon in der Nähe der "4", was jegliche Leichtigkeit, Spaß sowie Spannung und Eleganz nimmt. Bitte zum Vorzählen im Kopf ein einsilbiges Wort wie "Stop" oder "Kick" verwenden, da sonst die Gefahr besteht, aus mehreren Silben auch mehrere Schläge zu machen. Auch immer mal wieder gedanklich jeden der acht Schläge „1-2-3-4-5-6-7-8" vorzählen, das ist ungewohnt, bietet aber eine gute Basis für das Taktgefühl. An dieser Stelle die Bemerkung, dass ich für „stop" die kürzere, englische Schreibweise verwende.

Der gegenteilige Fall, das Vermischen von "3" und "4" hingegen, ist der nächste Lernschritt. Die Zählweise ändert sich dann zu "quick-quick-slow", die sonst auf Schlag „3" bzw. „7" durchgeführte Bewegung wird nach hinten in den Folgeschlag gezogen.

Takt 1				Takt 2			
1	2	3	Stop	5	6	7	Stop
quick	quick	slooooooow		quick	quick	slooooooow	

Tabelle 4.14: *Die Zählweise für weiter Fortgeschrittene*

Wichtig: es geht hier um ein "Zusammenziehen" der Schläge 3 und 4, die "5" bleibt, wo sie hingehört! In diesem Stadium der Salsa wird es möglich, das "Slow" durch beeindruckende Hüftbewegungen zu ergänzen, die im Tanzunterricht beigebracht werden können. Bitte immer darauf achten, dass der Oberkörper auf einer Höhe bleibt und das Paar zueinander die gleiche Höhe beibehält. Tief in die Augen schauen, die zueinander immer genau auf der gleichen Höhe bleiben sollten.

Didaktisch halte ich es für wichtig, den Tanzschülern so lange die "1-2-3-Stop" oder "1-2-3-und"-Variante beizubringen, bis die Pause wirklich verinnerlicht ist. Wird zu früh zu "quick-quick-slooooooow" gewechselt, besteht die Gefahr, dass die Pause im Tanz der Schüler entfällt, alle durcheinander kommen und unnötig Frust entsteht. Als Tipp für die Kurse kann der Lehrer den Takt abwechselnd in der Form "1-2-3" "5-6-7" und „1-2-3-4-5-6-7-8" vorzählen und mit den Schüler absprechen, dass sie stabil stehenbleiben sollen, sobald nicht weitergezählt wird. Nach einigen wenigen Übungen passen alle wie die Luchse auf!

Weil die Pause auf "4" und "8" für viele Paare im alltäglichen Tanzleben sichtbar die Hauptschwierigkeit darstellt, ist in diesem Buch die Darstellung mit "Stop" durchgängig gewählt, um die Pause sicher in das Bewusste und Unterbewusste zu transportieren. In höheren Kursen wird die Pause denn auch dringend benötigt für allerlei elegante Kicks, Zwischenschritte und Hüftbewegungen.

Nun ist natürlich der philosophische Exkurs erlaubt, wie genau es denn wirklich sein muss und wie exakt sich eine „Theorie der Salsa" wirklich treiben lässt. Viele Auffassungen sind hier möglich und werden oft gesehen, angefangen von „Was schert mich der Takt - ich will einfach nur Spaß haben" bis hin zu „Erst wenn Musik und Tanz mit einer selbstverständlichen Leichtigkeit ineinander aufgehen, dann erlebe ich Glücksgefühle wie sonst selten". Ersteres geht schon im Grundkurs oder auch ganz ohne tiefe Auseinandersetzung mit Musik und Tanz, zu Letzterem ist meist viel Übung erforderlich. Es dürfte wohl wie in so vielen Sportarten und Berufungen sein: wenn Könner am Werk sind, sieht alles so leicht, harmonisch, einfach, begeisternd, attraktiv, elegant aus und überhaupt...einmal in diesen Armen liegen dürfen...

4.5 Der Schritt

Vor dem eigentlichen Start in die Schritte auf die Musik hören - erst wenn das Paar die „1-2-3" klar hört, macht es Sinn, zu starten. Also lieber etwas warten, zuhören, und dann richtig gemeinsam beginnen, als daneben loszusprinten!

Meine Herren, wenn die Dame unruhig wird und ungehörigerweise einfach schon mal lostanzt, nicht irritieren lassen. Stehenbleiben. Sie sollen irgendwann einmal Führen können und dazu müssen SIE den Takt eigenständig hören können und dann den Tanz beginnen. Wirkt vielleicht im Einzelfall peinlich, zahlt sich aber später aus.

Meine Damen, der Herr fängt zwar an, aber wenn er das zum falschen Zeitpunkt macht, ist es an Ihnen, stehenzubleiben. Frau muss nicht alles mitmachen! Diese Versuche können miteinander lästig oder auch sehr lustig sein, je nachdem, wie Sie es als Paar angehen. Nun aber zur Schrittfolge. Als erstes die Grundposition, welche im folgenden Bild dargestellt wird.

Bild 4.11: _Grundposition vor Tanzbeginn_

Die Salsa als "Discofox Südamerikas" beginnt für beide mit den gleichen Füßen wie der Discofox, damit hört die Ähnlichkeit aber auch schon auf. Er beginnt mit links nach vorn, sie mit rechts nach hinten. Das Gewicht wird dabei voll verlagert, dies ist Schlag "1". Bei "2" erfolgt lediglich eine Gewichtsverlagerung auf den jeweils anderen Fuß. Bei "3" findet man sich nach Zurückziehen des Fußes und einer dritten Gewichtsverlagerung in Grundposition wieder. Nun ist beim Herrn der rechte Fuß (**RF**) frei, bei der Dame der linke Fuß (**LF**)

Nun die Pause "4", deren geduldiges Abwarten oder Austanzen die meisten Tänzer vor die größte Herausforderung ihrer tänzerischen Karriere stellt - und nicht nur bei der Salsa! Also: im Kopf als "Stop" mitzählen!

Das gleiche geht nun in die andere Richtung weiter, der Herr bei "5" mit rechts nach hinten, die Dame mit links nach vorn, bei "6" Gewichtsverlagerung, bei "7" zurück in die Grundposition, bei "8" das Wichtigste von allem: die Pause. Damit ist der erste Grundschritt (**GS**) geschafft!

- Auf „1-2-3", also während **Takt 1**, wird der erste Teil des GS getanzt,

- auf „5-6-7", also während **Takt 2**, erfolgt der zweite Teil des GS.

Nur Gewichtsverlagerung			Die Pause: tun Sie nichts!	Nur Gewichtsverlagerung			Die Pause: tun Sie nichts!
Gewicht auf seinem LF, ihrem RF	Gewicht auf seinem RF, ihrem LF	Gewicht auf seinem LF, ihrem RF	Sein RF, ihr LF ist frei	Gewicht auf seinem RF, ihrem LF	Gewicht auf seinem LF, ihrem RF	Gewicht auf seinem RF, ihrem LF	Sein LF, ihr RF ist frei
1	2	3	Stop	5	6	7	Stop

Tabelle 4.15: *Die Skizze bei Schlag 1 stellt die Fußposition nach dem ersten Schlag dar, die bei Schlag 2 diejenige nach dem zweiten Schlag usw. Gezeigt ist die stilfreie Grundform, wie sie dem Anfänger für den Start mitgegeben werden kann, um sich möglichst leicht einzufinden*

Übrigens kann ein eleganter GS, einmal dicht aneinander, dann wieder voneinander entfernt getanzt, sehr viel überzeugender wirken und mehr Spaß machen als eine Vielzahl "neben dem Takt" und auswendig gelernter, aber nicht gefühlt getanzter Figuren.

Hervorragend geeignet zum Perfektionieren von Takt- und Grundschrittgefühl ist die Übung des "Contratiempo", auch „On 2" genannt, die auch alleine zuhause trainiert werden kann. Es wird der normale GS auf normaler Salsamusik getanzt. Nur beginnt sein erster Schritt mit dem LF nicht auf "1", sondern auf "2". Der Schritt ist damit insgesamt um einen Schlag verschoben, so dass die Pausen bei "5" und "1" getanzt und auch so im Kopf gezählt werden. Schwächen im Austanzen beispielsweise der Pause werden in dieser Übung unbarmherzig offensichtlich, aber auch dauerhaft "ausgebügelt". Wenn Sie dieses zu oft üben, besteht allerdings die Gefahr, dass Sie in den normalen Schritt nicht mehr sicher hineinfinden. Achten Sie also darauf, das Tanzen auf „1" als Hauptsache beizubehalten.

Zum Abschluss noch die Bemerkung, dass der Zeitpunkt, bei dem der Fuß den ersten Schritt macht, theoretisch beliebig ist, solange dies auf einem der Hauptschläge stattfindet. Hierüber definieren sich auch weniger oft getanzte Tanzstile. Tanzschulen wiederum verwenden ihre Stil-Bezeichnungen wie „kubanisch", „L-A-Style" oder „New-York-Style" natürlich auch aus marketingorientierten Differenzierungsgründen, unterrichten aber häufig einen lokal angepassten Stil. So entsteht ein bunter, interessanter Mischmasch aus Begriffen und Stilen.

4.6 Die Haltung

Für die Eleganz und Wirkung auf den Partner ist natürlich auch die Haltung enorm wichtig. Sie entzieht sich allerdings weitgehend einer wirkungsvollen Beschreibung durch Text oder Bild und wird am besten durch eine Betreuung auf der Tanzfläche vermittelt. Grundsätzlich haben wir bei der Salsa eine geschlossene Haltung, ähnlich wie auch bei Standard/Latein-Tänzen. Als Tipps an dieser Stelle:

- Die Partner stehen sich gerade und seitlich nicht versetzt gegenüber. Die gedachten Linien, gezogen von linker zu rechter Schulter der Partner, sind parallel zueinander.

- Beide Augenpaare sollten im GS kontinuierlich auf einer Höhe sein, zur Überprüfung schauen Sie sich am besten einander ab und zu für eine Weile tief in die Augen.

- Die Oberkörper sollten auf einer Höhe bleiben, die Ausgleichsbewegung zu den Schritten wird durch den Hüftschwung erledigt. Prüfen Sie dies, indem Sie vor einer Wand tanzen und in die Augen des Partners blicken. Die Augen und die dahinterliegende Wand sollten sich zueinander nicht bewegen.

- Bei den Schlägen "3" und "7" wird das Führungssignal vorbereitet. In der folgenden Pause bauen die Partner Körperspannung auf, z. B. durch Anspannen von Arm und Bauchmuskeln, die sich dann in Richtung der geführten Figur leicht wie aus einer gespannten Feder entlädt.

- Um dynamisch und elegant zu tanzen, ist ständige Empfangs- und Sendebereitschaft erforderlich. Die Dame wird also ihren rechten Arm beim Ausdrehen in Figuren nicht entspannen und schlaff langmachen, sondern das Ellenbogengelenk deutlich gebeugt lassen. Auch bleibt sie mit ihren Schultern annähernd parallel zu seinen Schultern, wann immer das im Sinne der Figur möglich und sinnvoll ist. So geht es auch flüssig und leichtfüßig mit der nächsten Figur weiter!

- Sie legt ihm ihre Hand unverkrampft und locker in die seine. Bei Figuren sind Ihre Finger meist abgewinkelt, ohne aber seine Hand zu drücken. So kann er Führungsinformationen übermitteln, leicht ziehen und drücken und jederzeit seine Hand herausziehen, wenn eine Figur dies erfordert. Manche Damen halten seine Hand gerne fest, was ihn jedoch der gewaltlosen Führungsmöglichkeit beraubt.

- Ihre LH liegt locker auf seinem Oberarm oder seiner Schulter, greift jedoch nicht um den Arm herum, erst recht nicht kraftvoll. Das wird immer wieder gerne gemacht, führt aber dazu, dass sie bei einigen Figuren ihren eigenen Schwung stoppt und die Figur zu einem tragischen Ende kommt.

5. Die Figurenbeschreibungen - so geht es!

B evor Sie damit beginnen, die Figurenbeschreibungen zu lesen, kann es sehr hilfreich sein, zu erfahren, was die verwendeten Symbole bedeuten und wie die Beschreibung strukturiert ist. Mit einer guten Vorbereitung kommen Sie schneller voran.

5.1 Verwendete Abkürzungen

Die in den Figurenbeschreibungen verwendeten Abkürzungen bedeuten im einzelnen:

LF: linker Fuß	**RF**: rechter Fuß
LH: linke Hand	**RH**: rechte Hand
GS: Grundschritt (e, es)	**IT**: Inside Turn
CBL: Cross Body Lead	**T**: Takt
S: Schlag	**Pos.**: Relativposition

5.2 Ausrichtung im Raum - die verwendeten Symbole

In den Figurenbeschreibungen ist es nach jedem Takt einfach zu erkennen, wie die Tänzer eines Paares zueinander stehen. Dazu werden Symbole wie in der folgenden Tabelle dargestellt verwendet. Herr und Frau haben dabei jeweils ihre eigenen Symbole, ein Pfeil stellt die Ausrichtung des Tänzers (Gesicht, Bauch, Brust) vereinfachend dar.

Seine Ausrichtung im Raum und das entsprechende Symbol   **Ihre Ausrichtung im Raum und das entsprechende Symbol**

Tabelle 5.1:   *Die Symbole zur Ausrichtung der Tänzer wie sie bei den Figurenbeschreibungen verwendet werden*

5.3 Ausrichtung im Raum - das 90°-Konzept in der Salsa

Es ist hilfreich, sich als Paar im Raum parallel zu den Wänden auszurichten, wenn die Lage auf der Tanzfläche dies erlaubt. So wird es etwa leichter, einen Platzwechsel, etwa einen Cross Body Lead CBL, auch wirklich zu einer halben Drehung werden zu lassen und nicht irgendwo schräg und für den Herrn unvorhersehbar "ausschlabbern" zu lassen. Dies ist weniger eine zusätzliche Belastung, die es zu beachten gilt, als vielmehr eine Erleichterung für die Tänzer.

Sämtliche Figuren werden dann so ausgeführt, dass sie parallel zu einer Wand beginnen und auch aufhören. Wenn möglich, sollten auch alle Elemente in diesen Ausrichtungen getanzt werden. Dies ermöglicht insbesondere den Damen eine leichtere Orientierung im Raum und so ein besseres, stabileres Tanzen. Dieses Prinzip der Einhaltung rechter Winkel zur leichteren Orientierung nenne ich das „90°-Konzept" in der Salsa des New-York-Style.

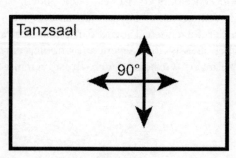

Bild 5.1: *Das „90°-Konzept" in der Salsa des New-York-Style*

Wenn die Dame also beispielsweise selbst darauf achtet, dass sie bei einem CBL einen Platzwechsel durchführt, der in einer genau gegenüberliegenden Position endet, erleichtert sie dem Herrn das Führen deutlich. Er kann sich dann auf einer gut gefüllten Salsa-Fläche darauf verlassen, dass sie nicht "überdreht" und sie so in eine Lücke führen, dass es nicht zu Zusammenstößen kommt. Auch wird die gekonnt ausgerichtete Dame insgesamt nicht so weit weg und wild herumlaufen, was dem Herrn das Einleiten von Figuren erleichtert. Bei schwierigen Figuren hilft das 90°-Konzept dabei, während der Figur immer wieder rasch und problemlos eine Orientierung zu finden - Figuren werden so auch einfacher.

In der Praxis richtet der Herr das Paar so aus, dass es im rechten Winkel zu mindestens einer Wand ausgerichtet ist, bevor er eine neue Figur einleitet. Die Dame merkt sich diese Ausrichtung ständig neu, so dass Sie jederzeit selbst die Orientierung behält. Sowohl die Dame als auch der Herr sind so immer gut orientiert und können so weiter darauf achten, dass der Körper während der Figur immer wieder im rechten Winkel zu einer der Wände ausgerichtet wird. Die Tanzerei wird einfacher, Missverständnisse und Zusammenstöße seltener, es können mehr und schwierigere Figuren getanzt werden. Die Dame weiß genau, in welche Richtung eine Drehung beendet sein muss und dreht nicht zu weit. Die Dame beginnt auf diese Weise auch, eine eigene Persönlichkeit auf der Tanzfläche zu entwickeln. Sie wird selbst erkennen lernen, welches Paar in Fahrtrichtung steht und wie weit vom Herrn sie weg laufen darf, ohne dort Schubser und Tritte auszuteilen.

5.4 Schnell Erinnern: die Zusammenfassung der Figur

5.4.1 Die Übersicht für den führenden Herrn

Die Figurenbeschreibungen beginnen mit einer kurzen Zusammenfassung der Figur zur schnellen Erinnerung insbesondere für den führenden Herrn. Mit Hilfe dieser kurzen Zeilen gelingt es meist, eine einmal gelernte Figur rasch wieder in das Gedächtnis zurückzurufen:

Übersicht für den führenden Herrn:
Während eines Grundschritts durch Handwechsel in gekreuzte Doppelhandhaltung mit den LH oben gehen und dann...

Bild 5.2: *Die Zusammenfassung einer Figur zum schnellen Erinnern*

5.4.2 Anhaltswerte für erforderliche Übungszeiten

Es folgen Anhaltswerte für erforderliche Übungszeiten. Am leichtesten wird eine Figur natürlich in der Tanzschule erlernt, daher sind dort die Übungszeiten recht kurz. Am Anfang ist es hilfreich, sämtliche Figuren in der Schule zu erlernen und dieses Buch als Erinnerung sowie für Wiederholungen zu nutzen. Die bei der jeweiligen Figur eingetragenen Übungszeiten setzen voraus, dass alle in diesem Buch vorher beschriebenen Figuren, Schritte und Bewegungen beherrscht werden. Tanzlehrer und Fortgeschrittene können sich anhand dieses Buches aber auch neue Figuren erschließen, aber Vorsicht: das ist nicht einfach!

Unterrichtszeit Tanzschule	45 min	Wiederholung	20 min
Erstmaliges Lernen im Selbststudium	75 min	Konzentriertes Lesen	10 min

Tabelle 5.2: *Anhaltswerte für erforderliche Übungszeiten einer Figur*

Die auf die Tabelle der Übungszeiten folgenden Beschreibungen beginnen üblicherweise aus dem GS und enden in der Regel im GS, um einen klaren Anfang und ein klares Ende zu haben. Natürlich besteht die Kunst darin, den GS zu vermeiden und eine Figur an die andere zu hängen. Das wahre Könnerpaar kombiniert improvisierend Elemente miteinander zu immer neuen Variationen. Wählen Sie Ihren Anspruch selbst!

5.4.3 Das Schrittschema - jederzeit Klarheit

Im Folgenden wird ein einheitliches Schrittschema verwendet, um Schritte, Figuren und Folgen darzustellen:

Takt	Schlag	Er	Sie	Pos
1	1-2-3	Hier wird beschrieben, was der Herr während Takt 1, Schläge 1 bis 3 ausführt, wenn er die Figur tanzen will.	Hier steht, was die Dame während Takt 1, Schläge 1 bis 3 zu tun hat, um dem Herrn folgen zu können.	
	4	Stop		
2	5-6-7	Sein Handeln während Takt 2	...	
	8	Stop		

Tabelle 5.3: *Einführung in das in diesem Buch verwendete Schrittschema*

Die meisten Schritte, Figuren und Folgen dauern viele Takte lang. Die Takte sind in der ersten Spalte zum leichten Finden nummeriert. Die jeweiligen Schläge der Takte in der Zeile sind in der zweiten Spalte notiert. In der Spalte „Er" sind seine Schritte, in der Spalte „Sie" ihre Schritte beschrieben. In der Spalte "Pos" sind ihre und seine Ausrichtung zueinander als Minibild dargestellt **in der Position, wie sie in der Pause nach dem Takt** erreicht sein sollte.

Bei Figuren, bei denen sich die Tänzer raumgreifend auf der Tanzfläche fortbewegen, wird zur besseren Übersichtlichkeit nur die Position der Tänzer zueinander dargestellt.

Bild 5.3: *Grundposition vor Tanzbeginn.*

Da er führt, sind die Erläuterungen für den Herrn in der Regel ausführlicher und die Begriffe „links" und „rechts" in Figurennamen beziehen sich auf seine Sicht. Auf die Schläge "1-2-3" und "5-6-7" werden meist Elemente, also zusammengehörige und oft wiederkehrende Grundbewegungen getanzt, daher sind diese Schläge zu je einer Gruppe zusammengefasst. Die Pause ist gesondert aufgeführt, um ihre Bedeutung herauszustellen. Sie wird mit „Stop" bezeichnet, um ein einsilbiges Wort zu verwenden, was das taktrichtige Zählen im Kopf vereinfacht. In höheren Kursen werden in der Pause zum Teil recht komplexe Bewegungen erlernt.

5.4.4 Begriffsbezeichnungen

In diesem Buch verwende ich aus den bereits beschriebenen Gründen das Wort „Salsa", als wäre es ein deutsches Wort femininen Geschlechts. Den Begriff "New-York-Style" verwende ich für eine dynamisch, sportlich getanzte Salsa mit beachteten Raumrichtungen, bei der der Startpunkt bei Schlag "1" liegt. Wenn Sie die verfügbare Literatur durchgehen, ist eine solche Konvention für dieses Buch erforderlich, da die Auffassungen, was genau einen Stil ausmacht, auseinandergehen.

Es ist natürlich wichtig für das Nachvollziehen von Figuren, eindeutige und richtige Beschreibungen zu liefern. Allerdings wäre eine Anweisung wie „Rotation der Dame um die nach oben gerichtete Vertikalachse in mathematisch positive Richtung um 720° " nicht wirklich hilfreich. So etwas nennen wir also im Folgenden einfach eine „Doppeldrehung der Dame nach links". Eine Drehung um 90° wäre also eine „Vierteldrehung", 45° eine „Achteldrehung", 550° werden bezeichnet mit 1 ¹/₂ Drehungen und so weiter.

Ein etwas schwierigerer Spagat entsteht bei der Nennung der häufig wiederkehrenden Grundelemente als Abkürzungen der Salsa in den Figurenbeschreibungen. Ich habe mich hier auf möglichst wenige Abkürzungen beschränkt, um die Lesbarkeit zu verbessern. Elemente wie „gekreuzte Doppelhandhaltung mit den RH oben", werden bis auf die wenigen, durchgängig verwendeten Abkürzungen immer ausgeschrieben, auch wenn dies die Texte verlängert, da Abkürzungen wie „gekr. DH re o" kaum noch lesbar sind.

An dieser Stelle noch einige Begriffe, die das Erlernen der Salsa und vieler anderer Tänze erleichtern, weil sie Ordnung im Kopf schaffen. **Elemente** sind kleinste Einheiten, die sinnvoll nicht mehr teilbar sind und zu immer neuen Figuren kombiniert werden können. Der halbe GS "1-2-3-4" wäre ein Beispiel hierzu. Nur vollständige Elemente werden getanzt, was meist die Frage "welcher Fuß ist jetzt frei?" eindeutig klärt. Oder doch klären sollte.

Elemente werden zu **Figuren** zusammengesetzt. Eine Figur hat häufig eine die Figur eindeutig charakterisierende Position (beim Sombrero z. B. die Stellung nebeneinander mit hinter den Nacken gekreuzten Armen). Die Figur wird so gebildet, dass es auf möglichst kurzem Wege aus dem GS in diese charakteristische Position hinein und wieder heraus geht.

Wird an eine Figur, aus der heraus man auch sofort wieder einen GS tanzen könnte, noch eine andere Figur mit einer charakteristischen Position angehängt, so ist dies eine Abfolge von Figuren. Immer gleich getanzte Abfolgen von Figuren nennt man eine Figurenfolge oder **Folge**. Manche Folgen sind so schön, bekannt oder wichtig, dass sie eigene Namen erhalten.

Werden Folgen aneinandergereiht und als feste Abfolge definiert, entsteht eine sogenannte **Routine**. Allerspätestens hier hört der Tanzspaß, meine ich, auf, denn das Auswendiglernen von aneinandergereihten Körperbewegungen ist kaum kreativ und bietet auch keine Möglichkeit, sich auf die Änderungen in Sekundenschnelle einzustellen, die auf Tanzflächen üblich sind. Dagegen sind Tanzshow-Choreografien natürlicherweise Routinen.

Da die Trennung von Figuren und Folgen nicht immer ganz einfach ist, werden in diesem Buch diese Begriffe unter "Figuren" zusammengefasst, die Beschreibung von Routinen für die tägliche Tanzfläche halte ich nicht für sinnvoll.

Die Fähigkeiten eines Paares zeigen sich, wenn wir einmal Haltung und Ausdruck beiseite lassen, nun darin, wie weit sie vom Abtanzen vorgefertigter Figuren auf dem Weg zum flexiblen, improvisierten und beliebigen Kombinieren der Elemente, aus denen alle Figuren bestehen, vorangekommen sind. Meine persönliche Auffassung ist es, den Schwerpunkt zunächst auf das Umsetzen des Taktes in Fußbewegungen zu setzen und erst danach auf Haltung und Ausdruck sowie das verstärkte Pauken von Figuren zu legen. Die Praxis zeigt, dass die Tänzer dann mehr und länger Spaß an der Salsa haben.

6. Anfängerkurs

In diesem Kapitel finden Sie die Beschreibung eines Anfängerkurses wie er von Ihrer Salsa-Tanzschule angeboten werden könnte - natürlich wird Ihr Tanzlehrer seinen Kurs nach eigenen Vorstellungen und angepasst an die Fähigkeiten der Gruppe durchführen.

6.1 Übersicht

Im Anfängerkurs werden Takt, Schlag, die Grundbewegungen und erste, wichtige Grundfiguren der Salsa vermittelt. Die Bewegungen werden dabei am besten gelernt durch Abschauen beim Tanzlehrer und durch dessen Tipps und Hinweise an die einzelnen Tänzer. Der Kurs schafft die allererste Basis dazu, die so oft bewunderte, selbstverständliche Eleganz mancher routinierter Tanzpaare zu erreichen. Wenn Sie einmal der Mut verlässt, denken Sie daran, dass den Supertänzern die ersten wackeligen Schritte heute einfach nur nicht mehr angesehen werden - lernen mussten diese es auch irgendwann einmal. Die wahre Leistung steckt oft im Durchhalten.

Unterrichtszeit Tanzschule	5-8 Abende	Wiederholung	10-180 min
Erstmaliges Lernen im Selbststudium	nicht empfohlen	Zeit für konzentriertes Lesen	2 h

Tabelle 6.1: *Anhaltswerte für erforderliche Übungszeiten*

6.2 Der Grundschritt (GS)

Lesen Sie bitte das Kapitel zu den Grundlagen der Salsa vor dem Anfängerkurs, dann sind Ihnen Takt, Schläge und der GS des „New York Style" vertraut. Aufbauend auf den bekannten „New York Style" GS folgen nun die ersten Drehungen.

0. Figur: „Rechtsdrehung" im Solo als Vorübung

Unterrichtszeit Tanzschule	20 min	Wiederholung	5 min
Erstmaliges Lernen im Selbststudium	30 min	Konzentriertes Lesen	10 min

Anhaltswerte für erforderliche Übungszeiten

Während eines GS lassen sich die Partner los und gehen ein Stück voneinander weg, tanzen aber ein paar Mal den normalen GS weiter. Dann wie folgt:

T	S	Er	Sie	Pos.
1	1-2-3	Bei „1" geht er mit seinem LF um den RF herum, bei „2" Gewichtswechsel auf den RF und weiterdrehen, bei „3" die volle Rechtsdrehung abschließen und Gewichtswechsel auf den LF.	Sie tanzt den normalen GS solo, sieht seine Rechtsdrehung. Da Sie im Solo seine Bewegungen um einen Takt versetzt nachmacht, weiß sie, was Sie im nächsten Takt zu tun hat.	⊕
	4	Stop. Das Paar steht sich nun wieder gerade gegenüber.		⊖
2	5-6-7	Normaler GS bei „5-6-7" im Solo - also aus seiner Sicht den Schritt nach hinten, mit dem RF beginnend.	Bei „5" geht sie mit ihrem LF um den RF herum, bei „6" Gewichtswechsel auf den RF und weiterdrehen, bei „7" die volle Rechtsdrehung abschließen und Gewichtswechsel auf den LF.	⊕
	8	Stop	Stop	⊖

T	S	Er	Sie	Pos.
3	1-2-3	Er tanzt den normalen GS solo oder noch eine Rechtsdrehung oder er geht auf die Dame zu und nimmt sie in Grundhaltung.	Sie tanzt den normalen GS solo.	
4		Stop	Stop	
4	5-6-7		Wenn er noch eine Rechtsdrehung vorgegeben hat, folgt sie hier mit einer eigenen Rechtsdrehung, ansonsten ein GS.	
8		**www.salsa-kompendium.de**		

Er entscheidet die Zahl der Rechtsdrehungen. Beispielsweise kann er auch im Solo bleiben und einige GS mit Rechtsdrehungen in scheinbarer Zufallsfolge mischen. Die Dame macht die Bewegung dann, passend zu ihrem Schritt, einen Takt später nach. Eine gute Übung zum Führen und geführt werden.

1. Figur: Damen-Rechtsdrehung

Übersicht für den führenden Herrn:

Aus dem GS heraus bei „3" den linken Arm heben als Führungssignal für die Dame. Dann bei „5-6-7" die Dame durch ihre Rechtsdrehung führen und die Dame danach wieder in Grundhaltung nehmen. Selbst weiter GS während der gesamten Figur.

Unterrichtszeit Tanzschule	20 min		Wiederholung	5 min
Erstmaliges Lernen im Selbststudium	30 min		Konzentriertes Lesen	15 min

Anhaltswerte für erforderliche Übungszeiten

Aus dem GS wie folgt weiter:

T	S	Er	Sie	Pos.
1	1-2-3	GS, dabei bei „3" seinen linken Arm als Führungssignal heben und die Handhaltung so wechseln, dass die Handinnenflächen aneinander liegen.	GS, dabei erkennen, dass er ein Führungssignal gibt.	
	4	Stop	Stop, nicht zu früh starten!	
2	5-6-7	GS mit kleinen Schritten, die Dame dabei mit der eigenen, hoch gehaltenen LH durch eine Rechtsdrehung führen. Die LH mittig über den Kopf der Dame führen und ihr so beim Stabilisieren helfen.	Jetzt eine Rechtsdrehung durchführen, dazu bei „5" mit dem LF nach rechts vor den RF kreuzen, bei „6" weiterdrehen und Gewichtswechsel auf den RF, bei „7" wieder gerade vor ihm zu stehen kommen und Gewicht auf den LF nehmen.	
	8	Stop. Das Paar steht nun wieder in Grundhaltung voreinander. **www.salsa-kompendium.de**		

Am Anfang fällt es den Damen häufig schwer, mit ihrem rechten Arm Gegendruck zu seiner Führung aufzubauen. Oft spürt sie auch am Anfang die Führung nicht rechtzeitig. Wenn der Herr dann versucht, sie durch die Rechtsdrehung zu führen, tanzt sie GS weiter und lässt ihren rechten Arm schlaff weit hinter sich führen ohne das Resultat der Drehung. Hier also die größte Anfangsaufgabe für die Dame: im Spannungsmoment der Pause den Arm gespannt halten. Merke: niemals darf der rechte Ellenbogen bei der geführten Rechtsdrehung kraftlos hinter den Körper der Dame bewegt werden. Gegendruck aufbauen und die Führung des Herrn auf den ganzen Körper übergehen lassen, dann dreht es sich wie von selbst.

Noch ein Tipp für die Dame: die Rechtsdrehung beginnt immer bei „5" - anders geht das erst einmal gar nicht. Also selbst den Takt hören und frühestens bei „5" in die Rechtsdrehung starten. Geht in der Praxis oft wegen allgemeiner Hektik daneben. Üben, um eine eigenständige Taktsicherheit zu bekommen!

Für die Herren ist das Problem an dieser Stelle natürlich die Führung. Er muss sich irgendwann entscheiden, bei der folgenden „3" der Dame die kommende Rechtsdrehung anzuzeigen und dann die Drehung zu führen. Also: wenn der GS stabil läuft, während eines „5-6-7" die Entscheidung fällen, bei der folgenden „3" die Führung einzuleiten und das dann auch tun.

Wichtig zur Führung: der Herr führt die Hand der Dame während ihrer Drehung zentrisch über und mit kleinem Radius um ihren Kopf und verleiht ihr so Stabilität und Dynamik.

Als Rechtsdrehung der Dame wird auch oft gelehrt, dass sie bei „5" einen großen Schritt nach rechts macht und sich dabei um eine Vierteldrehung nach rechts dreht, bei „6" auf der Stelle eine halbe Rechtsdrehung macht, also mit den Füßen auseinander, und bei „7" wieder in einer abschließenden viertel Rechtsdrehung zurück vor ihn tritt und die Füße schließt. Diese Variante ist am Anfang gut zu tanzen, macht aber die Weiterentwicklung hin zu schnellen Figuren und Drehungen später sehr schwierig und erfordert dann ein Umlernen.

Bild 6.1:   _Das Führungssignal „LH des Herrn hoch" für die Damen-Rechtsdrehung in der Pause bei Schlag 4 von Takt 1_

2. Figur: Basic-Folge

Wie der Name schon sagt, eigentlich bereits eine Figurenfolge, die der Einfachheit halber wie alle anderen Folgen auch als Figur bezeichnet wird.

Übersicht für den führenden Herrn:

Aus einem normalen GS heraus bei „3" den linken Arm heben als Führungssignal für die folgende Damen-Rechtsdrehung bei „5-6-7". Beim folgenden „1-2-3" selbst eine Rechtsdrehung mit Handwechsel, dann wieder eine Damen-Rechtsdrehung und in Grundhaltung.

Unterrichtszeit Tanzschule	25 min
Erstmaliges Lernen im Selbststudium	45 min

Wiederholung	10 min
Konzentriertes Lesen	15 min

Anhaltswerte für erforderliche Übungszeiten

Aus dem GS heraus wie folgt weiter:

T	S	Er	Sie	Pos.
1	1-2-3	GS, dabei bei „3" mit linkem Arm und LH das Führungssignal zur Da-Rechtsdrehung geben.	GS, Führungssignal spüren.	
	4	Stop	Stop	
2	5-6-7	Selbst GS mit kleinen Schritten, die Dame dabei mit der eigenen LH durch eine Rechtsdrehung führen.	Eine Rechtsdrehung durchführen, dazu bei „5" mit dem LF um den RF herum, bei „6" weiterdrehen und Gewichtswechsel auf den RF, bei „7" wieder gerade vor ihm zum stehen kommen und Gewicht auf den LF nehmen.	
	8	Stop. Das Paar steht sich nun in Grundhaltung gegenüber. Es ist sehr wichtig, dass an dieser Stelle die Pause gefühlt und beachtet wird. Am besten ist es, wenn das Paar zur Übung während der Pause bewegungslos voreinander steht. Fühlt sich komisch an, ist aber eine optimale Übung, die zur gefühlten und automatischen Taktpräzision führt.		

T	S	Er	Sie	Pos.
3	1-2-3	Nun kommt sein Auftritt. Bei „1" tritt er mit seinem LF vorn um den RF herum und übergibt die Hand der Dame hinter seinem Rücken in seine RH. Bei „2" weiterdrehen mit Gewichtsverlagerung auf den RF, bei „3" die Rechtsdrehung beenden und die Hand der Dame wieder mit der eigenen LH nehmen und sofort als Führungssignal hoch-führen, Handfläche an Handfläche.	GS mit kleinen Schritten.	
	4	Stop	Stop	
4	5-6-7	GS, die Dame durch ihre Rechtsdrehung führen.	Eine weitere Rechtsdrehung.	
	8	Stop. Das Paar steht nun wieder in Grundhaltung voreinander und beruhigt sich. **www.salsa-kompendium.de**		

3. Figur: Diagonal

Diese Schritte werden bisweilen auch als „kubanisch" bezeichnet, auf Kuba selbst wird, soweit ich selbst erfahren konnte, „Diagonal" als Begriff verwendet - mindestens von einer wesentlichen Tanzschule. Ein gutes Beispiel für die in der Salsa übliche Begriffsverwirrung.

Übersicht für den führenden Herrn:

Im GS die Dame loslassen, etwas auf Abstand gehen und mit den jeweiligen Füßen hinterkreuzen. Die Dame sieht das und macht es nach.

Unterrichtszeit Tanzschule	10 min	Wiederholung	5 min
Erstmaliges Lernen im Selbststudium	15 min	Konzentriertes Lesen	10 min

Anhaltswerte für erforderliche Übungszeiten

Zunächst im Solo als Vorübung. Damen und Herren stehen einander mit einigem Abstand gegenüber und tanzen den normalen GS, dann wie folgt weiter:

T	S	Er	Sie	Pos.
1	1-2-3	Bei „1" kreuzt er mit dem LF hinter den RF, **siehe Bild**, bei „2" Gewichtsverlagerung auf den RF, bei „3" zurück in Grundposition. Die Körperausrichtung bleibt dabei im Raum gleich, das Paar bleibt sich immer zugeneigt! Dieses Kreuzen des einen Fußes hinter den anderen wird als **„Hinterkreuzen"** bezeichnet.	GS, auf seine Schritte achten.	
	4	Stop	Stop	
2	5-6-7	Nun die gleiche Bewegung in die andere Richtung: bei „5" kreuzt er mit dem RF hinter den LF, bei „2" Gewichtsverlagerung auf den RF, bei „3" zurück in Grundposition. Die Körperausrichtung bleibt dabei im Raum gleich, das Paar bleibt sich immer zugeneigt!	Bei „5" kreuzt sie mit dem LF hinter den RF, bei „2" Gewichtsverlagerung auf den RF, bei „3" zurück in Grundposition. Die Körperausrichtung bleibt dabei im Raum gleich, das Paar bleibt sich immer zugeneigt!	
	8	Stop	Stop	

T	S	Er	Sie	Pos.
3	1-2-3	GS	Nun die gleiche Bewegung in die andere Richtung: bei „1" kreuzt sie mit dem RF hinter den LF, bei „2" Gewichtsverlagerung auf den LF, bei „3" zurück in Grundposition. Die Körperausrichtung bleibt dabei im Raum gleich, das Paar bleibt sich immer zugeneigt! Darauf achten, dass der Herr aufhört mit dem Hinterkreuzen.	
	4	Stop	Stop	
4	5-6-7	Grundschritt	Grundschritt	
	8	**www.salsa-kompendium.de**		

Wenn diese Bewegung im Solo gelernt wurde, geht der Herr noch während des Diagonal-Solotanzens auf die Dame zu und in Tanzhaltung.

Sobald das einwandfrei funktioniert, beginnen die Paare aus der Grundhaltung heraus mit den Diagonalschritten.

Dann folgt der Einstieg in die **„angedeutete Promenade"**: bei Takt 1 dreht er sich um eine achtel Drehung nach links, sie nach rechts. Bei Takt 2 er nach rechts, sie nach links. Das Paar bleibt dabei in geschlossener Tanzhaltung.

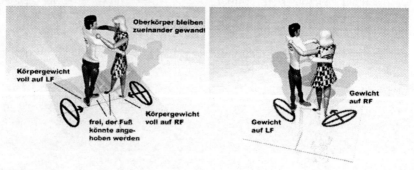

Bild 6.2: *Hinterkreuzen bei Takt 1, Schlag 1*   bei   **_Bild 6.3:_** *Angedeutete Promenade bei Takt 1, Schlag 1*

4. Figur: Full Promenade

<u>Übersicht für den führenden Herrn:</u>

Bei „5-6-7" eine Damen-Rechtsdrehung und in „**parallele Doppelhandhaltung**" gehen - seine LH hält dabei ihre RH, seine RH hält ihre LH. Beim folgenden „1" die Dame eine Vierteldrehung nach rechts drehen lassen, dabei die RH der Dame loslassen und selbst eine viertel Linksdrehung, RH an den Rücken der Dame. Das Paar hat also jetzt nach links geöffnet. Bei „2" am Platz, bei „3" wieder zurück in Grundposition. Beim folgenden „5-6-7" nach rechts öffnen und wieder in Grundposition zurück. Dies wiederholen, so lange es beliebt und wieder in GS.

Unterrichtszeit Tanzschule	20 min	Wiederholung	5 min
Erstmaliges Lernen im Selbststudium	15 min	Konzentriertes Lesen	10 min

Anhaltswerte für erforderliche Übungszeiten

Nach einem New-York-Style GS „1-2-3-Stop-5-6-7-Stop-1-2-3" und einer Damenrechtsdrehung beim folgenden „5-6-7", aus der heraus er auch ihre LH in seine RH nimmt und so in eine parallele Doppelhandhaltung führt, geht es wie folgt weiter:

T	S	Er	Sie	Pos.
1	1-2-3	Er führt sie mit seiner LH in eine viertel Rechtsdrehung und lässt dabei ihre Hände los. Dabei tanzt er mit seinem LF bei „1" diagonal hinter den RF und dreht den Körper eine Vierteldrehung nach links, der RF bleibt aber in Position. Bei „2" nur Gewichtsverlagerung auf den RF. Dabei ist seine RH hinter ihrem Rücken, die LH ist nach vorn abgestreckt. Bei „3" wieder in Grundposition und parallele Doppelhandhaltung.	Sie tanzt mit ihrem RF diagonal hinter den LF auf „1" und dreht den Körper eine Vierteldrehung nach Rechts. Der LF bleibt in Position. Bei „2" Gewichtsverlagerung auf den LF, ihre LH ist hinter seinem Rücken, bei „3" wieder in Grundposition zurück.	
	4	Stop	Stop	

T	S	Er	Sie	Pos.
2	5-6-7	Nun geht das Spiel anders herum. RF hinter LF, Hände loslassen und gegengleich zu Takt 1 umgreifen: seine LH ist nun an ihrem Rücken, die RH nach vorn abgestreckt und bei „7" zurück in Grundposition.	LF hinter RF, ihre RH hinter seinen Rücken, die LH gerade nach vorn abgestreckt und bei „7" zurück in Grundposition.	
	8	www.salsa-kompendium.de		

Es können so viele Promenaden hintereinander getanzt werden, wie der Herr führt. Zum Ausleiten fängt der Herr die Dame mit seinem rechten Arm nach einem Takt einfach wieder in Grundposition auf, so dass sie nicht mehr öffen kann. Danach im GS weiter.

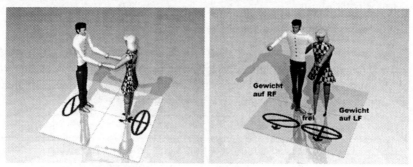

Bild 6.4: _Parallele Doppelhandhaltung_   **_Bild 6.5:_** _Full Promenade bei Takt 1, Schlag 1_

5. Figur: "Cross-Body-Lead" oder kurz „CBL"

Diese Bewegung wird bisweilen auch als „dile que no", „sag ihm nein" bezeichnet und ist als Platzwechsel links herum dem in diesem Buch gleichfalls beschriebenen „dile que si", „sag ihm ja", dem Platzwechsel rechts herum, zugeordnet.

Übersicht für den führenden Herrn:

Selbst bei „2-3" eine Vierteldrehung nach links und die Dame dann vor sich von rechts nach links vorbei laufen lassen. Am Ende steht das Paar zueinander wieder in Ausgangsposition, hat jedoch im Raum eine halbe Drehung links herum durchgeführt - den Platzwechsel links herum.

Unterrichtszeit Tanzschule	15 min	Wiederholung	10 min
Erstmaliges Lernen im Selbststudium	25 min	Konzentriertes Lesen	5 min

Anhaltswerte für erforderliche Übungszeiten

Diese Figur, in der Übertragung in das Deutsche der „**Platzwechsel** links herum" ist ein eleganter Beginn und Abschluss für viele andere Figuren und Folgen, ist recht einfach zu erlernen, gibt Schwung und bietet dem Zuschauer schon etwas für's Auge. Ein GS in Grundhaltung, danach wie folgt weiter:

T	S	Er	Sie	Pos.
1	1-2-3	Auf „1-2" wie im GS, auf „3" dreht er sich eine Vierteldrehung nach links und tritt mit seinem LF um seinen RF herum. Der RF steht nun im rechten Winkel zum LF.	Bei „1-2" GS, dann geht sie bei „3" gerade vor, so dass Sie mit der linken Schulter im rechten Winkel zu seiner Brust steht.	
	4	Stop, siehe Bild	Stop	
2	5-6-7	Auf „5" normaler GS hinter sich, auf „6" eine viertel Linksdrehung, der LF dreht dabei gleichfalls eine Vierteldrehung nach links, bei „7" zieht er den RF neben den LF bei Gewichtsverlagerung auf den RF. Nun ist der LF frei.	Bei „5" geht sie mit ihrem LF nach vorn und dreht den LF nach links ein. Bei „6" und „7" dreht sie sich links zu ihm herum, so dass das Paar sich nun wieder in Grundposition gegenübersteht. Der RF ist nun frei.	
	8	**www.salsa-kompendium.de**		

Tipp für den Herrn: er bleibt im Raum an seiner Position! Wenn die Dame die Ferne sucht, nicht hinterherlaufen. So lernt sie es nie!

Tipp für die Dame: sie läuft eng um ihn herum. Oft entschwinden die Anfänger-Damen beim CBL dem Herrn und „krachen" in ein Nachbarpaar - und er kann rein gar nichts dagegen machen, gilt aber dennoch als schuldig. Hm, ob ihm das lange Freude macht? Also: um ihn herum tanzen, nicht vom eigenen Schwung kraftlos wegtragen lassen und den rechten Arm immer gebeugt lassen.

Das Paar hat durch den CBL seine „Ausrichtung im Raum" um eine halbe Drehung geändert, einen Platzwechsel durchgeführt. Nach dem CBL ein GS oder auch ein weiterer „CBL". Er führt!

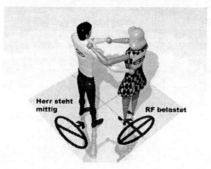

Bild 6.6:   _Cross Body Lead CBL in der Pause von Takt 1_

6. Figur: Heimliche Damendrehung

Übersicht für den führenden Herrn:

Während des GS den rechten Arm der Dame hinter ihren Rücken führen, mit der eigenen RH nehmen und die Dame bei „5-6-7" durch eine Rechtsdrehung führen.

Unterrichtszeit Tanzschule	20 min
Erstmaliges Lernen im Selbststudium	35 min

Wiederholung	10 min
Konzentriertes Lesen	5 min

Anhaltswerte für erforderliche Übungszeiten

Aus dem GS oder eleganter nach einem CBL geht es los:

T	S	Er	Sie	Pos.
1	1-2-3	Selbst GS am Platz, dabei mit der eigenen LH ihre RH nach unten hinter ihren Rücken führen und an die eigene RH übergeben.	GS	
	4	Stop	Stop	

T	S	Er	Sie	Pos.
2	5-6-7	Selbst GS am Platz, mit der RH die Dame durch eine volle Rechtsdrehung führen, die Hände danach wieder wechseln und in normale Tanzhaltung gehen.	Rechtsdrehung.	
	8	www.salsa-kompendium.de		

Bild 6.7: *Heimliche Damendrehung nach Übergabe der Hand in der Pause von Takt 4*

7. Figur: „Marcar"- Marschieren

Diese Bewegung habe ich auch schon als „dile que no", „sag ihm nein" bezeichnet gesehen, wie so oft geht's durcheinander. Die Figur wird häufig während der „Kubanischen Rueda" verwendet, bei der viele Paare im Kreis angeordnet tanzen und auf Zuruf die gleiche Figur tanzen, bei Weiterreichen der Damen von Herr zu Herr. Auf Kuba wird das „Dile que no" auch als eigentlicher GS gelehrt. Der in diesem Buch gelehrte GS wird dort auch als „Pa' ti pa' mi" oder „Für Dich für Mich" geführt. Es gibt eben keine weltweit verbindliche Begrifflichkeit, die von allen Tanzschulen verwendet wird - und das ist auch ein gutes Zeichen für die Freiheiten in der Salsa.

<u>Übersicht für den führenden Herrn</u>:

Nach einem CBL in einen „**Open Break**", er geht also bei „1" mit dem LF zurück, bei „2" den RF an den LF heranziehen, bei „3" Gewichtswechsel. Er hält sie dauerhaft nur noch mit seiner LH an ihrer RH, ihre Schritte sind analog. Bei „5" die Dame heranziehen, selbst vorlaufen, bei „6" Schließen, „7" Gewichtswechsel, seine RH und ihre LH berühren sich mit den Handflächen und stoßen sich bei „7" wieder

63

ab. Diese Figur kann mehrfach wiederholt werden, bis der Herr bei „1"
wieder in den normalen GS geht oder eine Figur einleitet.

Unterrichtszeit Tanzschule	20 min		Wiederholung	10 min
Erstmaliges Lernen im Selbststudium	35 min		Konzentriertes Lesen	5 min

Anhaltswerte für erforderliche Übungszeiten

Zur Vorbereitung einen GS mit 2 Takten, dann ein CBL. Gegen Ende
des CBL lässt er ihre LH los und hält sie nun offen nur mit seiner LH an
ihrer RH und weiter wie folgt:

T	S	Er	Sie	Pos.
1	1-2-3	Er geht auf „1" mit seinem LF zurück, bei „2" wird der RF an den LF herangezogen, bei „3" Gewichtsverlagerung auf den LF. Dieser Schritt wird auch **"Open Break"** genannt.	Bei „1" mit dem RF zurück, bei „2" den LF an den RF heranziehen, bei „3" Gewichtsverlagerung auf den RF.	
	4	Stop. Das Paar steht sich mit Abstand parallel gegenüber, seine LH hält ihre RH.		
2	5-6-7	Bei „5" mit dem RF vor, dabei die Dame heranziehen und ihr die Handfläche der RH mit geschlossenen, nach oben weisenden Fingern entgegenhalten. Bei „6" Gewichtsverlagerung auf den LF, bei „7" dann mit den Handflächen abstoßen und auf Abstand zur Dame gehen.	Bei „5" mit dem LF vor und ihre flache Hand auf seine dargebotene Handfläche legen. Bei „6" Gewichtsverlagerung auf den RF. Bei „7" dem Druck des Herrn auf die eigene LH einen gleichen Druck entgegenhalten und sich aktiv von ihm abstoßen.	
	8	Stop. Das Paar steht sich nun gegenüber wie vor Takt 1. **www.salsa-kompendium.de**		

Alternativ kann auch während des Takts 2 vollständig nah geblieben
werden, z. B. für Show- oder Styleeffekte, und das Abstoßen erfolgt erst
bei der folgenden „1" des nächsten Taktes.

Das Abstoßen mit den flach aufeinanderliegenden Handflächen bereitet oftmals Schwierigkeiten, ist aber auch eine ideale Partnerübung für Körperspannung. Wenn wir uns vorstellen, dass genau unterhalb der flach aufeinanderliegenden Handflächen ein Nagel in das Parkett geschlagen ist, dann bleiben die Hände genau darüber, so lange sie sich berühren. Wenn sie sich trennen, entfernen sich die Hände spiegelbildlich von der Nagelposition weg.

Die beiden Takte können nun beliebig oft wiederholt werden, er führt dies! Zum Abschluss kann er bei „1" einfach in den normalen GS wechseln oder in einen CBL übergehen.

Darauf achten, dass der Druckmoment der Hände nicht zu früh kommt. Während des Druckmomentes bleiben die Hände „im Raum" am gleichen Ort! Dabei bedeutet „**am gleichen Ort im Raum verbleiben**" bei allen folgenden Beschreibungen, dass man im Parkettboden einen Nagel einschlagen könnte und das beschriebene Körperteil, der Tänzer oder das Paar genau über dem Nagel verbleibt.

Und weil wir gerade dabei sind, unter „**die Ausrichtung im Raum beibehalten**" wird verstanden, dass ein Tänzer oder das Paar, egal wohin es sich auf der Tanzfläche fortbewegt, den oder die Körper immer in die gleiche Himmelsrichtung ausgerichtet hält, also beispielsweise nicht dreht.

Im Anfängerkurs haben Sie nun nebenbei vieles kennengelernt, was in späteren Figuren immer wieder benötigt wird. Um die weiteren Figurenbeschreibungen zu verstehen, sollten sie zusätzlich zu den beschriebenen Figuren die folgenden, Ihnen jetzt bekannten Begriffe kennen:

„**Hinterkreuzen**", „**Open Break**", „**Am gleichen Ort im Raum verbleiben**", „**Die Ausrichtung im Raum beibehalten**", „**Parallele Doppelhandhaltung**" und den „**Platzwechsel**".

Viele Positionen und Elemente finden Sie auch in den Kapiteln nach den Figurenbeschreibungen zusammenfassend beschrieben.

7. Figuren

7.1 Starter Level – die Basis

Die Basisfiguren sind so ausgewählt, dass sie noch leicht gelernt werden können und weitere wichtige Elemente enthalten, die später die Basis für kompliziertere Figuren bilden. Die in diesem Kapitel beschriebenen Figuren bilden zusammen mit den Figuren aus dem Anfängerkurs ein Grundrepertoire für Salseros und Salseras, mit dem die Tänzer auf jeder Tanzfläche bestehen können. Voraussetzungen für den Einstieg ist die Kenntnis von Bezeichnungen, Schritten und Figuren aus dem Anfängerkurs.

Im Unterricht können die Figuren des Starter Level häufig am Anfang jedes Kursabends wiederholt werden, bis die Teilnehmer wenigstens diese Bewegungen sicher und auswendig können. So wird der leider häufig anzutreffende Frust vermieden, dass die mühsam gelernten Figuren so schnell vergessen wie gelernt werden – wenn die Basis sitzt, dann lohnen sich die Kurse und machen Spaß!

Bei den Basisfiguren sollte der Herr lernen, zu führen, also in scheinbar zufälliger Folge Figuren aneinanderzuhängen.

8. Figur: CBL mit schlichtem Inside Turn (IT) für die Dame

Dieser „Inside Turn" (IT), auch „Schlaufe" genannt, ist überhaupt nicht schlicht, sondern hat es für die Dame voll in sich. Vielleicht gehört der IT zu den schwierigsten Bewegungen für die Dame und erscheint auch manch langjähriger Tänzerin noch anspruchsvoll. Er kommt in vielen Figuren vor, oft in abgewandelter Form, und wird hier in einer einfach zu lernenden Variante als Einstieg beschrieben.

Übersicht für den führenden Herrn:

Für den Herrn die Fußbewegungen des normalen CBL. Er führt jedoch die Dame, während sie an ihm vorbeiläuft, durch eine zusätzliche, gelaufene Linksdrehung, den IT.

Unterrichtszeit Tanzschule	60 min		Wiederholung	30 min
Erstmaliges Lernen im Selbststudium	90 min		Konzentriertes Lesen	15 min

Anhaltswerte für erforderliche Übungszeiten

Ein GS, danach wie folgt weiter:

T	S	Er	Sie	Pos.
1	1-2-3	Normaler CBL-Start. Bei „3" die eigene RH von der Taille der Dame an ihre rechte Hüfte legen. Das zeigt ihr an, dass jetzt ein Wechsel stattfinden wird.	Normaler CBL-Start.	
	4	Stop	Stop	
2	5-6-7	Mit den Füßen den normalen CBL, dabei die Dame mit der LH durch eine volle Linksdrehung vor sich führen. Die RH an ihrer Hüfte gibt leichten Startdruck.	Bei „5" geht sie mit ihrem LF gerade nach vorn und dreht dabei den LF leicht nach links ein. Bei „6" und „7" macht sie eine volle Linksdrehung, so dass sie ihm ihren Rücken zuwendet. Dabei hebt sie im letzten Moment den linken Arm hoch.	
	8	Stop. Nun ist der LF frei.	Stop. Der RF ist nun frei.	
3	1-2-3	Am Platz.	Hier eine halbe Linksdrehung, so dass sie vor ihm steht und sich ihm zuwendet. Den linken Arm nun von oben auf seinen Oberarm legen.	
	4	Stop	Stop. Der LF ist nun frei.	
4	5-6-7	Dame wieder in Grundhaltung nehmen.	Am Platz.	
	8	**www.salsa-kompendium.de**		

Das Paar hat durch den CBL mit IT seine „Ausrichtung im Raum" um eine halbe Drehung links herum geändert, also wie beim normalen CBL einen Platzwechsel links herum durchgeführt. Nach dem CBL ein GS oder auch ein weiterer „CBL". Er führt! Später wird es möglich sein, den IT bei Takt 2 in Grundhaltung abzuschließen, mit einem „dynamischen IT" wie in diesem Buch später beschrieben.

Der IT ist ein sehr anspruchsvolles Element. Das Hauptproblem für die Dame ist es in der Regel, dass sie die präzise Fortbewegung im Raum und die Linksdrehung nicht zugleich schafft. Da hilft nur Übung!

Bild 7.1: *Position in der Pause von Takt 4*

9. Figur: „El caracol" - die Schnecke

Übersicht für den führenden Herrn:

Aus paralleler Doppelhandhaltung die Dame durch einen IT führen, dabei alle Hände gehalten lassen, ihre LH tief führen und die Dame so vor sich in das „**weite Körbchen für sie**" nehmen mit vor ihr gekreuzten Armen. „**Am Platz**", dann die Dame mit einer $1^1/_2$-fachen Rechtsdrehung und CBL wieder herausholen, dabei ein „**Fenster**".

Unterrichtszeit Tanzschule	30 min	Wiederholung	15 min
Erstmaliges Lernen im Selbststudium	40 min	Konzentriertes Lesen	10 min

Anhaltswerte für erforderliche Übungszeiten

Aus einem CBL geht das Paar in parallele Doppelhandhaltung, dann:

T	S	Er	Sie	Pos.
1	1-2-3	Start in einen CBL, dabei mit seiner RH ihre LH nach unten führen und mit diesen Händen den CBL-Schwung übermitteln. Dabei die eigene RH etwas stärker einsetzen.	CBL-Anfang	
	4	Stop	Stop	

T	S	Er	Sie	Pos.
2	5-6-7	Sie durch einen IT mit über Ihrem Kopf geführten und gehaltenen Händen (seine LH, ihre RH) führen. Dabei ihren Vorwärtsdrang bremsen, so dass sie vor ihm zu stehen kommt, den Rücken zu ihm. Alle Unterarme sind nun vor ihr gekreuzt zum „**weiten Körbchen für sie**".	IT soweit, dass sie mit dem Rücken vor ihm steht.	
	8	Stop	Stop	
3	1-2-3	**Am Platz:** bei „1" Gewicht auf den LF, bei „2" Gewichtsverlagerung auf den RF, bei „3" wieder Gewichtsverlagerung auf den LF. Dabei kann mit der Hüfte geschwungen werden. Die Füße bewegen sich also nicht von ihrem Platz auf der Tanzfläche fort!	Am Platz: die Füße bewegen sich nicht von ihrem Platz weg. Es wird lediglich Gewichtswechsel entsprechend dem Takt vorgenommen, bei „1" RF, bei „2" LF, bei „3" wieder RF.	
	4	Stop	Stop	
4	5-6-7	Mit der eigenen LH loslassen und sie mit seiner RH in einer 1,5-fachen Rechtsdrehung herausführen, beide stehen nun in offener Handhaltung voreinander.	$1^1/_2$-fache Rechtsdrehung.	
	8	Stop	Stop	

T	S	Er	Sie	Pos.
5	1-2-3	Ein CBL. Dabei geht sein rechter Arm vor seinem Kopf von rechts nach links herum und legt ihren linken Arm um seinen Kopf herum an seinen Nacken. Bewegungen dieser Art werden **„Fensterchen"** oder „ventanita" genannt. Langsam loslassen.	CBL und den Arm führen lassen, den linken Arm langsam von seinem Nacken abgleiten lassen, nachdem er losgelassen hat.	
	4	Stop	Stop	
6	5-6-7	Abschluss vom CBL	Abschluss vom CBL	
	8	www.salsa-kompendium.de		

Bild 7.2:   *Weites Körbchen für sie*

Bild 7.3:   *Ventanita - das Paar*   **_Bild 7.4:_**   *Abschluss der Ventanita*
schaut sich durch das mit   *- er legt sich ihre LH*
den Armen gebildete   *über seinen Kopf an*
„Fenster" bei Takt 5,   *seinen Nacken*
Schlag 2

Zu den verschiedenen Varianten des „Körbchens" schauen Sie sich bitte auch den Abschnitt „Körbchen" im Kapitel „Positionen" an.

Die Fensterchen-Positionen - das sind Positionen, bei denen das Paar sich durch einen von den Armen gebildeten Bogen anschauen, siehe auch das Kapitel „Positionen".

10. Figur: Sombrero

Auch „Hut" oder „Genickbrecher" genannt. Der Name ist daran angelehnt, dass man bei dieser Figur dem Partner einen Hut vom Kopf schlagen könnte und die Hände auch so zu führen sind, dass das gelänge.

<u>Übersicht für den führenden Herrn:</u>

In **„gekreuzte Doppelhandhaltung"** gehen mit den RH oben, gerade gegenüber. Bei der gekreuzten Doppelhandhaltung hält seine RH ihre RH, seine LH ihre LH. Bei der Einleitung dieser Figur sind die RH oben. Die Dame durch 1¼-Rechtsdrehungen mit Händen über ihrem Kopf führen und die gefassten Hände hinter den Köpfe ablegen. Mit CBL wieder heraus.

Unterrichtszeit Tanzschule	20 min		Wiederholung	15 min
Erstmaliges Lernen im Selbststudium	40 min		Konzentriertes Lesen	10 min

Anhaltswerte für erforderliche Übungszeiten

Zuerst auf einen GS, dann wie folgt weiter:

T	S	Er	Sie	Pos.
1	1-2-3	Open Break und der Dame die folgende Rechtsdrehung anzeigen: bei „3" also LH hoch, Handfläche gegen Handfläche legen und dort Spannung aufbauen.	Normaler GS, auf sein Führungssignal achten und bei „3" Spannung aufbauen.	
	4	Stop	Stop	
2	5-6-7	Dame in die Rechtsdrehung führen. Bei „7" Handwechsel. Seine RH hält nun Ihre RH, seine LH nun ihre LH. Die RH sind oben.	Damenrechtsdrehung, dem Herrn die Ergreifung beider Hände ermöglichen bzw. aktiv seine Hände suchen.	
	8	Stop	Stop	
3	1-2-3	Noch ein Open Break, bei „3" Körperspannung aufbauen. Beide sind zueinander gewandt.	GS	
	4	Stop. Nicht zu früh starten!		
4	5-6-7	Bei „5-6" dreht er sie in eine Rechtsdrehung mit über ihrem Kopf geführten Händen. Bei „7" die Dame noch ¼-Drehung weiterdrehen, dabei selbst ¼ nach links drehen und seine RH über ihren Kopf, seine LH über seinen Kopf führen und die gehaltenen Hände bzw. Arme auf den Nacken bzw. Schultern ablegen. Beide schauen nun in die gleiche Richtung und stehen Schulter an Schulter.	Sie dreht 1¼°Drehungen rechts herum und steht danach mit ihrer linken Schulter an seiner rechten Schulter, gleiche Blickrichtung wie er.	
	8	Stop. Das Paar steht nun in „**Sombrero**"-Position		

T	S	Er	Sie	Pos.
5	1-2-3	Beginn eines CBL, dazu die LH öffnen, so dass die Dame ihre Hand herabgleiten lassen kann. Die RH lässt gleichfalls los und geht an die linke Schulter der Dame. Bei „3" mit der LH wieder ihre RH nehmen.	RH herabgleiten lassen und die hingehaltene Hand des Herrn nehmen. LH unter seinem Arm hervorholen und senkrecht nach oben strecken.	
	4	Stop	Stop	
6	5-6-7	Normaler Abschlussteil des CBL.	Normaler Abschlussteil vom CBL, dabei den linken Arm wieder in normale Tanzhaltung nehmen.	
	8	**www.salsa-kompendium.de**		

Nun in den GS oder direkt in eine andere Figur übergehen.

Bild 7.5:   _Gekreuzte Doppelhandhaltung mit den RH oben wie nach Takt 2_

Bild 7.6:   _Gekreuzte Doppelhandhaltung mit den LH oben als zusätzliche Information_

Bild 7.7: *Sombrero-Position von hinten wie in der Pause von Takt 4*

Bild 7.8: *Sombrero, Ansicht von vorn*

11. Figur: Stop and Go

Übersicht für den führenden Herrn:

Die Dame wegführen, die RH nach rechts heraushalten, die Dame in einer halben Linksdrehung zu sich eindrehen, mit der RH stoppen und wieder herausdrehen.

Unterrichtszeit Tanzschule	30 min	Wiederholung	20 min
Erstmaliges Lernen im Selbststudium	60 min	Konzentriertes Lesen	15 min

Anhaltswerte für erforderliche Übungszeiten

Zuerst einen GS, dann wie folgt weiter:

T	S	Er	Sie	Pos
1	1-2-3	Auf „1-2" einen „Open Break" und den rechten Arm nach rechts abstrecken. Auf „3" mit dem LF nach vorne. Dabei sie mit seiner LH in eine halbe Linksdrehung in den eigenen rechten Arm führen.	Auf „1-2" den normalen GS. Auf „3" mit dem RF nach links vorne und zugleich eine halbe Linksdrehung. Die LH wird dicht vor dem Körper geführt und gegen Ende von „3" senkrecht nach oben gestreckt.	
	4	Stop! Ist wichtig! Beide schauen nun in seine ursprüngliche Richtung. Seine RH kann sich an ihre linke Schulter bewegen, hält sie dort und hindert sie am Weiterdrehen.		

T	S	Er	Sie	Pos
2	5-6-7	Selbst am Platz, dabei die Dame wieder herausführen.	Bei „5" mit dem LF nach vorn und den Arm herunternehmen, bei „6-7" eine halbe Rechtsdrehung.	
	8	Stop. Das Paar steht nun wie zu Beginn der Figur voreinander. www.salsa-kompendium.de		

Vorsicht: falls die Dame den linken Arm nicht vor dem Körper hochführt, sondern ihn nach außen hält, kann das für den Herrn schmerzhafte und für die Dame als Verursacherin teure Folgen haben.

Als Signal für diese Figur kann er bei „1-2" den rechten Arm nach rechts abstrecken. Dies symbolisiert, dass er sie mit dieser Hand halten wird und zeigt ihr, dass sie dann später den linken Arm senkrecht nach oben halten kann.

Bild 7.9: *Stop-and-go, Position in der Pause von Takt 1*

12. Figur: Kalte Schulter

Übersicht für den führenden Herrn:

Aus gekreuzter Doppelhandhaltung, die RH sind oben, die Dame durch eine Rechtsdrehung führen, dabei selbst nach links eine halbe Drehung und in „**Schmetterlingsposition**" gehen. Bei dieser Position steht das Paar Herrenrücken-an-Damenbrust, die Arme seitlich weit abgestreckt, die RH halten sich, die LH halten sich. Die Arme nacheinander, zuerst die RH über den eigenen Kopf kreuzen und so in das „**enge Körbchen für ihn**" gehen, Hände loslassen und weiter unten hinter dem eigenen Rücken der Dame die RH hinhalten, die die Dame mit ihrer LH nimmt. Die Dame mit der RH in einer vollen Linksdrehung vor sich holen, so dass sie mit dem Rücken zu ihm steht. Dame dann durch 1½ Linksdrehungen wieder vor sich ziehen.

Unterrichtszeit Tanzschule	60 min
Erstmaliges Lernen im Selbststudium	120 min

Wiederholung	25 min
Konzentriertes Lesen	15 min

Anhaltswerte für erforderliche Übungszeiten

Wir haben eine gekreuzte Doppelhandhaltung, die RH sind oben, dann weiter:

T	S	Er	Sie	Pos.
1	1-2-3	GS	GS	
	4	Stop	Stop	
2	5-6-7	Sie bei „5" in eine volle Rechtsdrehung führen, die bei „6" beendet sein sollte. Selbst bei „7" eine halbe Drehung nach links durchführen, alle Hände gehalten lassen und über die Köpfe führen. Er steht jetzt vor ihr im **„Schmetterling"** mit seitlich gerade abgestreckten Armen.	Volle Rechtsdrehung, sie steht nun gerade hinter ihm.	
	8	Stop	Stop	
3	1-2-3	**„Seitlich am Platz"**, also bei „1" mit dem LF minimal nach links, bei „2" Gewichtswechsel, bei „3" wieder schließen und Gewicht auf den LF. Dabei die RH über seinen Kopf führen, Hände gehalten lassen. Die linken Arme bleiben gestreckt.	Seitlich am Platz.	
	4	Stop	Stop	

T	S	Er	Sie	Pos.
4	5-6-7	Seitlich am Platz, dabei die LH über seinen Kopf führen. Es sind alle Hände gehalten im **„engen Körbchen für ihn.**	Am Platz.	
	8	Stop. Beginnen, die Hände zu lösen und nach unten abgleiten zu lassen.		
5	1-2-3	Mit kleinsten Schritten ein wenig nach links tanzen und so der Dame Raum für das spätere Vorlaufen geben, dabei die eigene RH hinter sich halten und so der Dame anbieten. Sie steht in der **„Lady Free"** Position.	Am Platz tanzen, die RH des Herrn mit der eigenen LH nehmen.	
	4	Stop	Stop	
6	5-6-7	Tanzen am Platz. Die Dame mit der RH durch dynamischen Zug mit einer Linksdrehung vor sich holen und wieder etwas nach rechts laufen. Die Dame mit der LH an ihrer linken Schulter sanft am weiterdrehen hindern. Nun steht sie vor ihm und wendet ihm den Rücken zu.	Dem Führungssignal folgen, mit einer Linksdrehung vor ihn stellen.	
	8	Stop	Stop	
7	1-2-3	Seitlich am Platz, dabei die LH der Dame mit der LH nehmen.	Seitlich am Platz	
	4	Stop	Stop	

T	S	Er	Sie	Pos.
8	5-6-7	Am Platz, Dame mit der LH durch 1½ Drehungen links herum führen. Die eigene RH unterstützt das Einleiten der Drehung durch sanften Druck an ihrer Hüfte.	1 ½ -fache Linksdrehung der Dame.	
	8	www.salsa-kompendium.de		

Bild 7.10: *Schmetterling, er vor ihr, wie zu Ende von Takt 2*   ***Bild 7.11:*** *Enges Körbchen für ihn wie in Takt 4 erreicht. Sicht von oben*

Bild 7.12: *Enges Körbchen für ihn wie in Takt 4 erreicht. Sicht von vorn*   ***Bild 7.13:*** *Position für den Lady-Free CBL wie nach Takt 5 erreicht*

Auch in diesem Abschnitt haben Sie wieder einige Bewegungen „nebenher" erlernt: das „Körbchen", „Am Platz", „Fenster", die „Gekreuzte Doppelhandhaltung mit den RH oben", die „Gekreuzte Doppelhandhaltung mit den LH oben" und die „Schmetterlingsposition".

7.2 Extension Level – die Ausbaustufe

Sitzen die Basisfiguren im Langzeitgedächtnis, kann es an die Aufbaufiguren gehen. Wenn diese Figuren gelernt sind, haben die Tänzer alle Voraussetzungen, um zu improvisieren, eigene Figuren zu entwickeln oder auch einfach die unglaubliche Vielfalt der weiteren Salsa-Figuren zu entdecken.

Der Herr beginnt nun, die Figuren in ihre Bestandteile auseinanderzunehmen und die Elemente neu anzuordnen. Das wird dann richtig gut – und geht nur, wenn die Figuren als solche erst einmal perfekt sitzen. Die Dame lernt, auf die kreative Führung zu reagieren. Dazu gehört Körperspannung genau so wie Aufmerksamkeit – was kommt als nächstes? Es wird nun für beide Tänzer des Paares aufregend abwechslungsreich – es ist immer wieder überraschend, wie viel Spaß, Eleganz und Eindruck so ein paar Figuren und Elemente schon vermitteln können!

In diesem Kapitel werden die einzelnen Fußpositionen nur noch im Ausnahmefall den Schlägen zugeordnet. Es wird davon ausgegangen, dass die Tänzer wissen, auf welchem Fuß das Gewicht bei den jeweiligen Schlägen zu liegen hat.

13. Figur: „La Cubanita" oder auch "He goes, she goes"

Hier geht es jetzt schon ganz schön ab - und die späteren Variationsmöglichkeiten dieser Linksdrehungen machen diese Figur als Einführung ziemlich interessant!

<u>Übersicht für den führenden Herrn</u>:

Open Break, sie in einem Platzwechsel rechts herum eine Linksdrehung im Vorbeilaufen machen lassen. Dann selbst eine Linksdrehung beim nächsten Platzwechsel, dann wieder die Dame und so weiter, bis er in den GS wechselt.

Unterrichtszeit Tanzschule	60 min	Wiederholung	20 min
Erstmaliges Lernen im Selbststudium	90 min	Konzentriertes Lesen	20 min

Anhaltswerte für erforderliche Übungszeiten

Ein GS, danach wie folgt weiter:

T	S	Er	Sie	Pos.
1	1-2-3	Bei „1" wie bei einem Open Break und dann nach vorne an ihrer rechten Schulter vorbei laufen, rechts herum zu ihr drehen und sie dabei durch eine schnelle, halbe Linksdrehung führen.	Bei „1" mit dem RF zurück, bei „2-3" an seiner rechten Schulter vorbei laufen und zugleich eine halbe Linksdrehung.	
	4	Stop. In der Theorie hat das Paar nun einen vollständigen Platzwechsel rechts herum durchgeführt. Meist reicht es an dieser Stelle dazu nicht ganz, was auch nicht schlimm ist.		
2	5-6-7	Nun läuft er an ihrer rechten Schulter vorbei und macht eine halbe Linksdrehung unter seinem linken Arm hindurch.	Sie läuft an seiner rechten Schulter vorbei und dreht sich ihm rechts herum wieder zu.	
	8	Stop	Stop	
3	1-2-3	Wie bei Takt 1	Wie bei Takt 1	
	4	Stop	Stop	
4	5-6-7	In den GS wechseln, dabei die Rechtsdrehung des Paares langsam abbremsen.	In den GS führen lassen.	
	8	**www.salsa-kompendium.de**		

Natürlich kann er beliebig viele Linksdrehungen direkt hintereinander vorgeben! Das ist eine gute Übung, um sein Führungssignal und ihre Sensibilität für das Führungssignal zu verbessern.

Aufgrund des hohen Tempos sind diese Drehungen nicht ganz einfach und müssen einige Male geübt werden. In der beschriebenen Figur haben wir jetzt auch ganz nebenbei zwei elementar wichtige Figuren gelernt, die Damen- und die Herrenlinksdrehung.

14. Figur: Damenlinksdrehung auf Takt 1 (1-2-3)

An diese elementare Figur kann der Herr eine ganze Reihe von spannenden Fortführungen anhängen – daher wird diese Bewegung als eigene Figur besonders hervorgehoben. Wir ahnen es, es gibt auch eine Damenlinksdrehung auf Takt 2.

15. Figur: Herrenlinksdrehung auf Takt 2 (5-6-7)

Diese Herrenlinksdrehung ist recht nett, um sie immer mal wieder einzubauen, z. B. wenn die Dame aus einer vorangehenden Figur etwas zu spät ankommt. Durch diese Drehung kann der Herr der Dame etwas Zeit geben, um Takt und Stabilität wieder zu finden.

16. Figur: "Setenta" – Siebzig (70)

Diese Figur wird auch „Brezel" genannt.

<u>Übersicht für den führenden Herrn</u>:

Aus der parallelen Doppelhandhaltung mit tief gehaltener RH die Dame mit einer Rechtsdrehung vor sich führen und sich wieder anschauen, die eigene LH ist hochgehalten, die eigene RH bleibt tief. Dann wieder herausdrehen.

Unterrichtszeit Tanzschule	30 min	Wiederholung	10 min
Erstmaliges Lernen im Selbststudium	45 min	Konzentriertes Lesen	10 min

Anhaltswerte für erforderliche Übungszeiten

T	S	Er	Sie	Pos.
1	1-2-3	Er macht einen „Open Break" und geht in parallele Doppelhand-haltung, den rechten Arm herunternehmen, die LH hoch.	Normaler GS, auf Führungssignal der Armhaltung achten.	
	4	Stop	Stop	
2	5-6-7	Die Dame mit der LH in eine volle Rechtsdrehung führen, dabei beide Hände weiter halten. Nach dieser Drehung schaut das Paar sich wieder im eingedrehten Zustand an, in der **Setenta**-Position.	Sie lässt sich in die Rechtsdrehung führen.	
	8	Stop	Stop	

T	S	Er	Sie	Pos.
3	1-2-3	Bei „1-2" wird ein Open Break getanzt, bei „3" die Dame wieder zurückgeholt durch eine schnelle Linksdrehung.	Bei „1" mit dem RF einen kleinen Schritt zum Schwungholen zurück. Bei „2-3" dann in eine schnelle Linksdrehung.	
	4	Stop	Stop. Der RF ist frei.	
4	5-6-7	Am Platz	Am Platz	
	8	www.salsa-kompendium.de		

Dabei kann das Paar bei Takt 3 einen Platzwechsel durchführen. Er geht während Takt 3 dazu noch nach vorn und dreht sich ½-mal nach rechts, sie läuft an seiner rechten Schulter vorbei und macht lediglich eine halbe Linksdrehung. Diese Variante, die „**70 mit Platzwechsel**" wird meist sogar als einfacher empfunden.

Anstelle des „Am Platz"-Tanzens von Takt 4 kann der Herr auch mit seiner RH loslassen und eine schnelle Linksdrehung unter seinem linken Arm hindurch durchführen. Das hat natürlich sehr viel mehr Schwung.

Nach dieser Figur in den GS oder intelligenter weiter.

Bild 7.14: *Die Setenta-Position wie in der Pause nach Takt 2*

17. Figur: „Herren-Rechtskreisel" oder „Hook-Turn"

Bei dieser Figur kann die Dame zu neuen Kräften kommen und der Herr sich ein wenig produzieren. Er kann diese Drehung auch ausführen, um etwas Zeit zu gewinnen, z. B. damit die Dame sich nach oder während einer komplizierten Figur wieder fängt und eine entstandene Verspätung ausgleichen kann. Die Sache ist für den Herrn nicht ganz einfach, erst nach vielem Üben kommt schon der einfache Rechtskreisel souverän, locker und ohne Stolpern.

Übersicht für den führenden Herrn:

Etwas auf Abstand zur Dame gehen und in „**offene Gegenüberstellung**" gehen, also die RH gelöst, die Dame ausschließlich mit der eigenen LH an ihrer RH halten. Dann bei „5-6-7" selbst eine flotte Rechtsdrehung hinlegen mit dem RF bei „5" hinterkreuzend.

Unterrichtszeit Tanzschule	15 min		Wiederholung	5 min
Erstmaliges Lernen im Selbststudium	20 min		Konzentriertes Lesen	10 min

Anhaltswerte für erforderliche Übungszeiten

Es geht los aus dem GS:

T	S	Er	Sie	Pos.
1	1-2-3	GS, dabei etwas auf Abstand zur Dame gehen und die eigene RH lösen. Er hält die Dame nun nur noch mit der eigenen LH, steht selbst mit geradem und aufrechtem Körper da.	GS, dabei fühlen, dass der Herr etwas Abstand möchte und dies zulassen.	
	4	Stop	Stop	
2	5-6-7	Bei „5" gleichzeitig leicht in die Knie gehen und mit dem RF einen schwungvollen Kreis mit kleinem Radius rechtsherum hinter den LF vollführen. Den linken Arm über den eigenen Kopf heben und bei „5-6" unter diesem Arm hindurch rechts herum eine volle Drehung vollführen. Bei „7" wieder gerade vor der Dame stehen und stabilisieren.	GS mit kleiner Schrittweite, dem Herrn den Arm zentriert und ruhig über den Kopf halten und nicht wegziehen! Wenn sie dies gut macht, kann sie dem Herrn so zusätzliche Stabilität verleihen.	
	8	www.salsa-kompendium.de		

Diese Drehung ist für den Herrn zunächst nicht ganz einfach, macht aber viel Eindruck auf die Umgebung. Wichtig ist, dass die Dame ihm die Hand über seinen Kopf hält und die Hand nicht wegzieht – nur so kann er stabil drehen!

Wenn er diese Drehung während „5" sicher geschafft hat, kann er natürlich auf den folgenden „6-7" noch eine zweite Rechtsdrehung anschließen. Diese Drehungen beginnt er sicherheitshalber mit tief gehaltenen Händen und greift dann jeweils um, wenn erforderlich.

18. Figur: "La Cruz" – das Kreuz

<u>Übersicht für den führenden Herrn</u>:

Die Dame in gekreuzte Doppelhandhaltung nehmen mit den RH oben. Weitere $1^1/_4$ Rechtsdrehungen der Dame, selbst $^1/_4$ Linksdrehungen und so Schulter-an-Schulter auskommen mit vor den Körpern gehaltenen Armen. In die entgegengesetzte Position und so oft wechseln wie gewünscht. Abschluss mit einem CBL mit IT.

Unterrichtszeit Tanzschule	25 min		Wiederholung	15 min
Erstmaliges Lernen im Selbststudium	40 min		Konzentriertes Lesen	20 min

Anhaltswerte für erforderliche Übungszeiten

Die im Folgenden beschriebenen Takte 1-4 dienen nahezu ausschließlich der Vorbereitung, um in gekreuzte Doppelhandhaltung mit den LH oben zu kommen und könnten auch durch andere Bewegungen ersetzt werden. Aber fangen wir aus dem GS an:

T	S	Er	Sie	Pos.
1	1-2-3	GS, bei „3" LH hoch als Führungssignal.	GS	
	4	Stop	Stop	
2	5-6-7	Selbst GS, Dame mit der LH drehen lassen und Handwechsel, also mit der RH ihre RH nehmen, und darunter beide LH sich greifen lassen.	Damen-Rechtsdrehung	
	8	Stop	Stop	

T	S	Er	Sie	Pos.
3	1-2-3	GS, noch eine Rechtsdrehung vorbereiten.	GS	
	4	Stop	Stop	
4	5-6-7	Selbst GS und bei „6-7" ¼ Linksdrehung, dabei die Dame mit gehaltenen Händen durch 1¼ Rechtsdrehungen führen, die Hände gehen über ihren Kopf.	Damen-Rechtsdrehung, sich in das Cruz führen lassen.	
	8	Stop. Das Paar steht in gekreuzter Doppelhandhaltung, LH oben. Die RH sind vor ihrem Bauch, die LH vor seiner Brust. Beide blicken in die gleiche Richtung. Dies ist die „**Cruz**" oder auch „**Kreuz**"-Position.		
5	1-2-3	Wechsel in die entgegengesetzte Cruz-Position. Dazu bei „1" mit dem LF zur Seite, bei „2-3" halbe Rechtsdrehung.	Bei „1" mit dem RF nach rechts, bei „2-3" eine halbe Linksdrehung – ein Cruz-Wechsel.	
	4	Stop. Das Paar hat sich nun in die entgegengesetzte Cruz-Position positioniert.		
6	5-6-7	Ein weiterer Wechsel, so dass die Ausgangs-Cruz-Position wieder erreicht wird.	Cruz-Wechsel.	
	8	Stop	Stop	
7	1-2-3	Nochmal ein Cruz-Wechsel.	Nochmal ein Cruz-Wechsel.	
	4	Stop	Stop	
8	5-6-7	Nochmal ein Cruz-Wechsel.	Nochmal ein Cruz-Wechsel.	
	8	Stop	Stop	
9	1-2-3	Start CBL mit IT, dabei alle Hände gefasst lassen.	Start CBL mit IT	
	4	Stop	Stop	

T	S	Er	Sie	Pos.
10	5-6-7	Abschluss CBL mit IT, zum Ende loslassen und in Grundhaltung gehen.	Abschluss CBL mit IT.	
	8	**www.salsa-kompendium.de**		

Anschließend kann ein GS getanzt werden oder auch bei Takt 11 am Platz, danach in Takt 12 in einen Sombrero führen mit anschließendem CBL oder oder...

Als Ergänzung für Fortgeschrittene sind natürlich bei den Cruz Schritten „**Fersen-Taps**" möglich! Dazu stellt er, während er bei „1" mit dem LF nach hinten geht, den RF nach rechts vorn aus, auf den Fersen abgestellt. Beide Tanzpartner stellen also jeweils bei „1" und „5" den ansonsten passiven Fuß nach vorn auf die Ferse ab.

Bild 7.15:   *Die „La Cruz"-Position wie in der Pause von Takt 4*

19. Figur: Handtuch

Bei der Salsa schwitzt der Herr ja bekanntermaßen aus den unterschiedlichsten Gründen auch am Rücken. Was liegt also näher, als im Rahmen einer tollen Figur diesen Rücken mit dem Rücken der Dame zu trocknen?

<u>Übersicht für den führenden Herrn:</u>

Die Dame durch eine ¾ Rechtsdrehung führen, unter der eigenen LH hindurch und mit dem eigenen Rücken an ihrem Rücken entlangstreifen. Wieder zurück und das hin und her nach Belieben wiederholen. Nach „1-2-3" zum Abschließen die Dame durch eine ¾ Rechtsdrehung führen und selbst auf die Dame zudrehen. Dann ein Open Break, eine Linksdrehung der Dame und wieder in Grundhaltung gehen.

Unterrichtszeit Tanzschule	30 min	Wiederholung	15 min
Erstmaliges Lernen im Selbststudium	45 min	Konzentriertes Lesen	15 min

Anhaltswerte für erforderliche Übungszeiten

Nun, wie auch immer, aus dem GS heraus weiter wie folgt:

T	S	Er	Sie	Pos.
1	1-2-3	Open Break, dabei führt er seine Hände so, dass bei „3" seine LH nach links oben, die RH nach rechts unten zeigt.	GS, die Einleitung der Führungssignale spüren und vorbereitet sein. Bei „3" steht das Paar noch voreinander mit ein wenig Abstand.	
	4	Stop	Stop	
2	5-6-7	Die Dame mit gehaltenen Händen in eine dreiviertel Rechtsdrehung führen, selbst eine Vierteldrehung nach links. Seine LH ist nun über seiner Stirn, seine RH hinter ihrem Rücken. Beide stehen nebeneinander Schulter an Schulter.	In die ¾-Rechtsdrehung führen lassen, dabei darauf achten, dass der linke Arm unten bleibt und hinter ihrem Rücken ungebrochen zur Ruhe kommt.	
	8	Stop	Stop	
3	1-2-3	Unter der eigenen LH durch und dann mit dem Rücken am Rücken der Dame vorbeigleiten, die RH der Dame dabei tief führen: auf „1" dabei mit dem LF vor dem RF vorbei treten, dabei unter der Armbrücke durchlaufen, bei „2" mit dem RF hinter dem „LF" vorbei treten, bei „3" den LF nach hinten ausstellen.	Sie läuft aus ihrer Sicht nach rechts, bei "1" mit dem RF nach rechts, bei „2" kreuzt der LF vor dem RF vorbei, bei „3" den RF nach hinten ausstellen.	
	4	Stop. Seine LH und ihre RH sind hinter ihrem Rücken, das andere Händepaar ist hinter seinem Rücken in der **„Handtuch"**-Position.		

T	S	Er	Sie	Pos.
4	5-6-7	Nun geht es wieder nach links zurück, bei „7" ist nun der RF nach hinten ausgestellt, die Dame wieder an seiner rechten Schulter.	Es geht aus ihrer Sicht nach links zurück, bei „7" ist der LF nach hinten ausgestellt.	
	8	Stop	Stop	
5	1-2-3	Wie Takt 3	Wie Takt 3	
	4	Stop	Stop	
6	5-6-7	Bei „5" ein wenig mit dem RF nach hinten, sie dabei etwas (!) mit Spannungsaufbau wegführen. Bei „6-7" dann die Dame an ihrer RH durch eine ¾ Rechtsdrehung führen, selbst ¼ Linksdrehung, so dass das Paar wieder voreinander steht. In parallele Doppelhandhaltung gehen.	Sie macht bei „5" mit ihrem LF einen Schritt nach hinten, spürt den Spannungsaufbau und macht bei „6-7" eine ¾ Rechtsdrehung.	
	8	Stop	Stop	
7	1-2-3	Open Break und die Dame bei „2-3" durch eine volle Linksdrehung führen, dabei als Paar eine Vierteldrehung nach rechts machen.	Linksdrehung	
	4	Stop. Das Paar hat sich nun im Vergleich zu Beginn von Takt 1 einen Platzwechsel durchgeführt.		
8	5-6-7	In Grundhaltung gehen.	In Grundhaltung gehen.	
	8	www.salsa-kompendium.de		

Danach zum Beispiel mit einem CBL weiter.

Es kommt gut an, im nächsten Takt 7 die Dame wieder in eine Linksdrehung zu führen, bei 8 dann selbst eine Linksdrehung zu machen und so weiter. Also das „Handtuch" in eine „Cubanita" übergehen zu lassen, einer Folge schnell getanzter Linksdrehungen

Wenn die Dame fit ist und eine gute Körperspannung hat, kann natürlich auch nach dem oben beschriebenen Takt 5 noch mehrmals die Handtuch-Rücken-an-Rücken Bewegung durchgeführt werden. Der Herr bestimmt durch seine Führung die Anzahl der Handtücher - bis sein Rücken trocken ist!

Bild 7.16: *Die Handtuch-Position wie in der Pause von Takt 3*

20. Figur: CBL mit dynamischem Inside Turn für die Dame

Übersicht für den führenden Herrn:

Für den Herrn die Fußbewegungen des normalen CBL. Er führt jedoch die Dame, während sie an ihm vorbeiläuft, durch $1^1/_2$ gelaufene Linksdrehungen.

Unterrichtszeit Tanzschule	60 min
Erstmaliges Lernen im Selbststudium	90 min

Wiederholung	30 min
Konzentriertes Lesen	10 min

Anhaltswerte für erforderliche Übungszeiten

Der dynamische Inside Turn gehört zu den wichtigsten und schwierigsten Übungen für die Damen. Er kommt in vielen Figuren vor, oft in abgewandelter Form und baut auf dem „schlichten IT" auf:

T	S	Er	Sie	Pos.
1	1-2-3	Normaler CBL-Start. Bei „3" die eigene RH von der Taille der Dame an ihre rechte Hüfte legen.	Normaler CBL-Start, durch die Hand des Herrn an der Hüfte spüren, dass eine Änderung kommt.	
	4	Stop	Stop.	

T	S	Er	Sie	Pos.
2	5-6-7	Mit den Füßen den normalen CBL, dabei die Dame mit der LH durch 1¹/₂ Linksdrehungen wieder vor sich führen. Die RH an ihrer rechten Hüfte gibt leicht verstärkten Startdruck, um den dynamischen IT anzuzeigen. Nun ist der LF frei.	Bei „5" geht sie mit ihrem LF gerade nach vorn und dreht den LF leicht nach links ein. Bei „6" und „7" läuft sie vor ihn und dreht sie sich dabei 1¹/₂-mal nach links, so dass das Paar sich nun wieder in Grundposition gegenübersteht, gegenüber dem Anfang wurde also ein Platzwechsel links herum durchgeführt, wie bei einem normalen CBL. Der RF ist nun frei.	
	8	www.salsa-kompendium.de		

Für die Dame besteht hier oft die Schwierigkeit darin, dass sie bei der schnellen 1¹/₂-fachen, gelaufenen Drehung nach links die Stabilität verliert und nach hinten kippt. Um nicht umzufallen, tritt sie dann bei „7" mit dem RF nach hinten und findet nicht mehr in den Takt des Paares, sie ist ja schon bei der Fußstellung der folgenden „1". Nun könnte sie natürlich einfach abwarten, bis die Musik sie wieder eingeholt hat und erst bei der „2" aktiv weitertanzen - macht sie aber am Anfang ihrer tänzerischen Karriere aber meist leider nicht. Es ist tatsächlich so, dass die Dame bei dieser Figur ein erhebliches Gefühl für ihre Position im Raum haben muss, so wie sonst häufig der Herr. Da hilft nur viel Üben!

21. Figur: Der Zopf

Übersicht für den führenden Herrn:

Die Takte 1 bis 3 sind eine normale „70" oder „Setenta" mit Platzwechsel, es folgt in Takt 4 eine Linksdrehung von ihm, bei der alle Hände gefasst bleiben und über seinen Kopf geführt werden. Open Break, eine Damen-Rechtsdrehung und in einem CBL mit Ventanita wieder heraus in Grundhaltung.

Unterrichtszeit Tanzschule	30 min	Wiederholung	15 min
Erstmaliges Lernen im Selbststudium	45 min	Konzentriertes Lesen	15 min

Anhaltswerte für erforderliche Übungszeiten

Die Takte 1-3 sind eine bekannte „70". Aus dem GS heraus wie folgt:

T	S	Er	Sie	Pos.
1	1-2-3	Er macht einen „Open Break" und geht in parallele Doppelhand-haltung, den rechten Arm herunternehmen, die LH hoch.	Normaler GS, auf Führungssignal der Armhaltung achten.	
	4	Stop	Stop	
2	5-6-7	Die Dame mit der LH in eine volle Rechtsdrehung führen, dabei beide Hände weiter halten. Nach dieser Drehung schaut das Paar sich wieder im eingedrehten Zustand an.	Sie lässt sich in die Rechtsdrehung führen.	
	8	Stop. Das Paar steht nun in „Setenta" oder auch „70"-Position.		
3	1-2-3	Bei „1-2" wird ein Open Break getanzt, bei „3" die Dame wieder zurückge-holt durch eine schnelle Linksdrehung. Dabei selbst gerade nach vorn laufen und in einer halben Rechtsdrehung wieder zu ihr hin. Während Takt 3 wird also ein Platzwechsel rechts herum durch-geführt.	Bei „1" mit dem RF einen kleinen Schritt zum Schwungholen zurück. Bei „2-3" dann in eine halbe Linksdrehung, während derer sie an seiner rechten Schulter vorbeiläuft.	
	4	Stop. Das Paar steht voreinander, sich zugeneigt in paralleler Doppelhandhaltung.		

T	S	Er	Sie	Pos.
4	5-6-7	Eine volle Linksdrehung, bei „5" mit dem RF zurück, dann bei „6-7" die Linksdrehung. Die Hände über den eigenen Kopf nehmen und halten. Beide stehen jetzt voreinander in **„Rautenstellung"** der Hände, beide RH sind oben.	Am Platz, die Hände über seinen Kopf führen.	
	8	Stop	Stop	
5	1-2-3	Open Break	GS	
	4	Stop		
6	5-6-7	Selbst am Platz. Die Dame durch eine Rechtsdrehung führen, alle Hände gehen dabei über ihren Kopf.	Damen-Rechtsdrehung	
	8	Stop. Beide stehen sich in offener, paralleler Handhaltung gegenüber.		
7	1-2-3	CBL-Anfang, bei „1" mit seiner RH vor seinem Kopf entlang fahren, dabei ihre LH um seinen Kopf herum an seinen Nacken legen - also die bekannte Fensterchen/Ventanita-Bewegung.	CBL-Anfang, Arme führen lassen.	
	4	Stop. Die Hände trennen sich, seine Hand rutscht an Ihre Taille.		
8	5-6-7	Zweiter Teil vom CBL, dabei sie durch einen IT drehen.	CBL mit IT	
	8	**www.salsa-kompendium.de**		

Nach Wunsch nochmals einen CBL, dann mit Grundhaltung oder der nächsten Figur weiter.

Bild 7.17: *Die Rautenstellung der Hände, RH oben, wie in der Pause von Takt 4 erreicht*

22. Figur: La Enchufa M

Übersicht für den führenden Herrn:

Die Dame vor sich in einer halben Linksdrehung heranholen und sie dann in einer halben Rechtsdrehung an die eigene rechte Seite holen. Die Dame, zunächst mit der RH an ihrem Rücken, hinter sich herumführen. Sie läuft dabei vorwärts um ihn herum, ihre rechte Schulter zeigt also immer zum Herrn. Danach in Grundposition und ein Platzwechsel rechts herum.

Unterrichtszeit Tanzschule	45 min	Wiederholung	20 min
Erstmaliges Lernen im Selbststudium	70 min	Konzentriertes Lesen	15 min

Anhaltswerte für erforderliche Übungszeiten

Aus dem GS wie folgt weiter:

T	S	Er	Sie	Pos.
1	1-2-3	Open Break und der Dame die kommende Rechtsdrehung anzeigen.	GS	
	4	Stop	Stop	
2	5-6-7	Selbst „Am Platz", die Dame durch eine Rechtsdrehung führen	Rechtsdrehung	
	8	Stop		

T	S	Er	Sie	Pos.
3	1-2-3	Selbst „Am Platz", Dame durch eine halbe Linksdrehung führen. Mit der RH an ihre linke Schulter und ihr so beim Abbremsen leicht helfen - es soll ja nur eine halbe Drehung werden.	Eine halbe Linksdrehung. Sie hält bei „3" ihren linken Arm hoch.	
	4	Stop	Stop	
4	5-6-7	Selbst „Am Platz", bei „5-6-7" mit dem die Dame in eine halbe Rechtsdrehung führen. Dabei rutscht die RH von ihrer Schulter an ihre Taille. Zugleich mit der LH ihre RH an den eigenen Waschbrettbauch legen.	Eine halbe Rechtsdrehung wie folgt: bei „5" mit dem LF nach vorn, bei „6" halbe Rechtsdrehung, Füße bleiben dabei wie festgenagelt am Platz (!), bei „7" schließen.	
	8	Stop	Stop	
5	1-2-3	Bei „1" mit dem rechten Arm sie sanft hinter sich herum schieben. Nach „3" steht sie genau hinter ihm und hat ihre rechte Schulter auf seinen Rücken ausgerichtet. Bei „1" dabei selbst ein wenig nach links laufen, um ihr Platz zu machen, dann wieder nach rechts.	Hinter ihn immer vorwärts an seinen Rücken laufen.	
	4	Stop! So schwierig das Einhalten der Pause hier auch sein mag. Er nimmt seinen rechten Arm nach vorn.		
6	5-6-7	Am Platz, linken Arm nach oben um sie herum an ihren Rücken legen.	Weiter um ihn herumlaufen, nach „7" steht sie an seiner linken Seite. Ihre rechte an seiner linken Schulter, beide blicken in die gleiche Richtung.	
	8	Stop	Stop	

T	S	Er	Sie	Pos.
7	1-2-3	Sie in Grundposition nehmen.	Vor ihn in Grundposition laufen und Grundhaltung einnehmen.	
	4	Stop	Stop	
8	5-6-7	Nun in Grundhaltung als Paar einen Platzwechsel rechts herum: dazu mit dem RF bei „5" hinter den LF kreuzen, bei „6-7" den Platzwechsel komplettieren und in Grundposition.	In Grundhaltung als Paar eine halbe Rechtsdrehung.	
	8	www.salsa-kompendium.de		

Es gibt sicher dynamischere Varianten, die Dame hinter sich durchzuführen, aber alles zu seiner Zeit.

Bild 7.18: *Die Dame läuft um den Herrn herum wie gegen Ende von Takt 5*

Nebenbei gelernt

Es wurden ohne besondere Erwähnung die „Offene Grundhaltung", die „Rautenstellung der Hände" und die „Fersentaps" gelernt.

7.3 Sovereign Level – der Schritt in die Unabhängigkeit

Wichtig für echten Spaß auf der Fläche ist die Fähigkeit zur Improvisation und Variation einstmals auswendig gelernter Figuren. In diesem Kapitel stelle ich daher nicht nur neue Figuren vor, die auch wieder neue Elemente enthalten, sondern auch die Variationsmöglichkeiten am Beispiel des „Sombrero". So wie diese Figur sehr unterschiedlich getanzt werden kann, so können auch andere Figuren in Elemente zerlegt und neu zusammengesetzt werden. Die „Sombrero"-Variationen sollen hierzu eine Anregung sein. Die Abschnitte „nebenbei gelernt" entfallen, da der Tänzer dies nun selbst erkennen können sollte.

Weiterhin werden längere Figuren gezeigt, die Anregungen für die Kombination von Elementen ohne eingefügte GS bieten.

Zum Abschluss noch zwei Figuren, die „Läufer", die das Fortbewegen auf der Tanzfläche ermöglichen, z. B. um Lücken zu nutzen, nachbarschaftlicher Transpiration und Trampelei zu entkommen oder auch elegant die Fläche verlassen zu können, wenn es vielleicht der Dame schwindelt.

23. Figur: La Sexy

Übersicht für den führenden Herrn:

Einige Male das hin- und her der **„Schere"**, dann die Dame einen IT tanzen lassen und sie hinter dem eigenen Rücken mit Handwechsel durchlaufen lassen. Dann die Dame mit Schwung in $1^{1}/_{2}$ Linksdrehungen wieder vor sich holen.

Unterrichtszeit Tanzschule	60 min	Wiederholung	20 min
Erstmaliges Lernen im Selbststudium	120 min	Konzentriertes Lesen	15 min

Anhaltswerte für erforderliche Übungszeiten

Aus dem GS in einen CBL und in parallele Doppelhandhaltung gehen, dann weiter wie folgt:

T	S	Er	Sie	Pos.
1	1-2-3	Mit einer „**Schere**" beginnen: bei "1" mit dem LF rechts vor den RF kreuzen, bei „2" Gewichtswechsel, bei „3" mit dem LF rechts hinter den RF kreuzen. Die Hände bewegen sich dabei vor- und zurück wie die Füße: geht der LF vor, geht auch seine LH vor und führt sie so in die Schere. Im Folgenden bewegen sich die Hände gleichsinnig mit den Füßen, um die Dame so weiter zu führen.	Schere analog zu den Bewegungen des Herrn, also bei „1" RF hinter den LF kreuzen, bei „2" Gewichtswechsel und bei „3" mit dem RF vor den LF kreuzen.	
	4	Stop	Stop	
2	5-6-7	Schere - nun analog mit den jeweils anderen Füßen.	Schere - nun analog mit den jeweils anderen Füßen.	
	8	Stop	Stop	
3	1...	Schere wie Takt 1	Schere wie Takt 1	
	4	Stop	Stop	
4	5...	Schere wie Takt 2	Schere wie Takt 2	
	8	Stop	Stop	
5	1...	Schere wie Takt 1	Schere wie Takt 1	
	4	Stop	Stop	
6	5...	Schere, Ende andeuten	Schere	
	8	Stop	Stop	
7	1-2-3	Hier die Schere ausleiten, der Dame durch eine kleine Aufwärtsbewegung der Hände das Springen nahelegen. CBL einleiten.	Bei „1" kickähnlich springen, dabei nicht zu weit nach hinten kommen. Bei „3" dann schon nach vorn in den CBL-Start.	
	4	Stop	Stop	

T	S	Er	Sie	Pos.
8	5-6-7	IT, eigene LH über ihren Kopf, alle Hände gefasst lassen. Hiernach steht er mit seiner linken Schulter zu ihr und hat sie „eingerollt".	IT, nach „7" an seiner linken Schulter stehen mit der eigenen rechten Schulter.	
	8	Die Pause zwischen den Takten einhalten. In der Pause öffnet er seine RH und lässt so ihre LH los.		
9	1-2-3	Er zieht sie mit seiner LH hinten um sich herum, bis sie wieder rechts neben ihm steht, dabei übergibt er hinter seinem Rücken ihre Hand an seine RH.	Sie läuft hinter ihm durch und steht danach an seiner rechten Schulter. Beide blicken in die gleiche Richtung. Sie hat den LF frei.	
	4	Stop. Nun hält er mit seiner RH ihre RH, während sie rechts von ihm steht. Das ist die charakteristische Position eines „**Lady Free CBL**".		
10	5-6-7	Er zieht mit seiner RH ihre RH kurz an und hält die RH dabei tief, so dass Sie 1¹/₂ Linksdrehungen vollführt und bei „7" wieder in Tanzhaltung des GS vor ihm steht - der Lady Free CBL ist damit abgeschlossen.	Sie macht, wie von ihm geführt, 1¹/₂ Links-drehungen während Sie vor ihm in Grundstellung läuft. Sie achtet dabei darauf, dass sie ihren linken Arm gerade hochhält, damit beide wieder in die Tanzhaltung kommen. Um den nötigen Schwung für die Drehung zu bekommen, achtet sie auch darauf, nahe beim Partner zu bleiben und Körperspannung aufzu-bauen. Der Körper dreht sich um seine eigene Mitte und benötigt keine Stütze vom Herrn. Sie hat nun wie beim GS den RF frei und achtet darauf, sehr eng vor ihm zu stehen.	
	8	Stop. Beide stehen jetzt sehr eng voreinander.	Stop, die Hand wieder herunternehmen.	

T	S	Er	Sie	Pos.
11	1-2-3	Beide tanzen einen angedeuteten GS am Platz, eng aneinandergeschmiegt, aus den Hüften heraus mit wenig Beinarbeit.		
	4	Stop	Stop	
12	5-6-7	Beide tanzen einen angedeuteten GS am Platz, eng aneinandergeschmiegt, aus den Hüften heraus mit wenig Beinarbeit.		
	8	www.salsa-kompendium.de		

Heraus geht es mit einem CBL, dem ein GS oder etwas anderes angeschlossen werden kann.

Bild 7.19: *Position der „Schere" mit gekreuzten Beinen wie nach Takt 1 erreicht*

24. Figur: Damenlinksdrehung auf Takt 2

<u>Übersicht für den führenden Herrn</u>:

Bei Takt 1 ein normaler GS in paralleler Doppelhandhaltung, bei Takt 2 führt er sie dann durch eine Linksdrehung. Das geht!

Unterrichtszeit Tanzschule	20 min		Wiederholung	10 min
Erstmaliges Lernen im Selbststudium	30 min		Konzentriertes Lesen	5 min

Anhaltswerte für erforderliche Übungszeiten

In parallele Doppelhandhaltung gehen, dann wie folgt weiter:

T	S	Er	Sie	Pos.
1	1-2-3	Normaler GS, bei „3" die Hände nach links führen und so Spannung aufbauen in einer Gegenbewegung.	Normaler GS, sie spürt den Spannungsaufbau und weiß, dass gleich etwas kommen wird.	
	4	Stop	Stop!	
2	5-6-7	Bei „5" tritt er deutlich mit seinem RF hinter seinen LF führt sie so, dass ihr LF vor ihren RF tritt. Bei „6-7" dreht er sie durch die Linksdrehung anfangs durch Druck mit der der RH.	Sie kreuzt bei „5" lediglich mit ihrem LF vor den RF. Bei „6" eine Linksdrehung auf dem Ballen des RF, bei „7" Gewichtsverlagerung auf den LF und in Grundhaltung.	
	8	www.salsa-kompendium.de		

Danach in Grundhaltung gehen oder die offene Position als Einleitung zu einer weiteren Figur nutzen.

Tipp für den Herrn: sie wird in Takt 1 bisweilen fälschlicherweise versuchen, in eine Rechtsdrehung zu kommen. Dies durch gekonnte Führung verhindern!

Am Anfang ist die Figur oft nicht einfach, weil die Dame nicht schnell genug herumkommt oder schon das Führungssignal nicht interpretiert. Meist kommt dann das Paar nach der 8 viel zu spät an. Weitertanzen und den Folgetakt schneller tanzen als die Liedgeschwindigkeit oder kurz aufhören, um den Takt wieder für einen Neuanfang finden zu können, sind mögliche Lösungen.

25. Figur: Sombrero mit kopfgeführtem IT

Die folgenden Figuren drehen sich sämtlich um die Position Sombrero und einige mögliche Variationen des Herauskommens - jede eine eigenständige Figur mit eigenem Namen. Die Fülle ähnlicher Figuren soll dazu anregen, eigene Wege zu gehen und beschriebene Figuren immer wieder neu abzuändern. Das ist gar nicht so schwierig und ein wichtiger Schritt in der persönlichen Weiterentwicklung! Voraussetzung ist natürlich das Hineinkommen in den Sombrero wie in diesem Buch vorn beschrieben. Die Figuren **starten also alle bei Takt 5**.

Meine Herren: überraschen Sie die Dame mit den verschiedenen aber ähnlichen Figuren! Sie lernen das Führen gerade mit dieser Figur und ihren Abwandlungen besonders gut.

Übersicht für den führenden Herrn:

Zunächst in den Sombrero hinein und dann die Dame beim Herausgehen aus dem Sombrero durch Führung mit der RH des Herrn an ihrem Hinterkopf durch einen kopfgeführten IT, auch "Nackenheimer" genannt, führen.

Unterrichtszeit Tanzschule	25 min	Wiederholung	15 min
Erstmaliges Lernen im Selbststudium	45 min	Konzentriertes Lesen	5 min

Anhaltswerte für erforderliche Übungszeiten

Diese Figur ist für die Dame nicht einfach und wird daher auch nur bedingt geliebt. Bei besonders langhaarigen Damen kann sich die Figur verbieten, besonders wenn die Haare der Dame offen getragen werden. Das Risiko, kleinere Büschel auszureißen ist, wie die Erfahrung zeigt, durchaus real. Bis Takt 4 entsprechend dem normalen Sombrero hinein, dann weiter wie folgt:

T	S	Er	Sie	Pos.
		Bis hierhin also der normale Sombrero.		
5	1-2-3	Mit den Füßen den Beginn eines CBL, die LH lösen, die RH an ihren Hinterkopf nehmen.	Beginn CBL, auf das Führungssignal im Nacken bzw. am Hinterkopf achten.	
	4	Stop	Stop	
6	5-6-7	Bei „5-6-7" die Dame durch Führung an ihrem Hinterkopf durch einen IT führen.	Als Schritt den CBL mit IT tanzen, darauf achten, dass der Platzwechsel vollständig durchgeführt wird – gar nicht einfach. Dabei den Kopf von rechts nach vorn und links kreisen lassen und um den Kopf herum beim IT drehen. Den linken Arm bei 7 nach dem IT hochnehmen.	
	8	**www.salsa-kompendium.de**		

Nun in Grundhaltung gehen oder mit einem CBL abschließen.

Wenn die Dame noch nicht über eine sehr gute Eigenstabilität bei der Drehung verfügt, kann sie ihren Kopf gerade halten, also nicht beugen. Das ist um einiges einfacher, aber nur die Vorstufe zu einem wirklich gekonnten "Nackenheimer".

Die Damen empfinden es naturgemäß als besonders schwierig, zugleich den Kopf nach unten zu beugen, sich um sich selbst zu drehen und dazu noch um den Herrn herum zu laufen. Die Orientierung zu behalten, fällt da nachvollziehbarerweise sehr schwer. Tipp: auch der Schritt auf „6" geht in Laufrichtung, nicht zurück!

26. Figur: Sombrero mit offenem Ausgang

<u>Übersicht für den führenden Herrn</u>:

In den normalen Sombrero gehen, beide Hände beim Herausgehen festhalten und über die Köpfe vor das Paar zurückführen. Danach sind aus dieser gekreuzten Doppelhandhaltung allerlei Anschlussfiguren möglich.

Unterrichtszeit Tanzschule	15 min	Wiederholung	10 min
Erstmaliges Lernen im Selbststudium	30 min	Konzentriertes Lesen	5 min

Anhaltswerte für erforderliche Übungszeiten

Bis Takt 4 entsprechend dem normalen Sombrero in diese Haltung hinein, dann weiter wie folgt:

T	S	Er	Sie	Pos.
		Bis hierhin also der normale Sombrero.		
5	1-2-3	Mit den Füßen den Beginn eines CBL, die Hände über den Köpfen wieder nach vorn nehmen.	Beginn CBL, Führungssignal beachten.	
	4	Stop	Stop	
6	5-6-7	Bei „5-6-7" die Dame vor sich führen, sich ihr zuwenden. Hier die Dame <u>nicht</u> durch den IT führen!	CBL beenden - also nur in einer viertel Linksdrehung zum Herrn hinwenden!	
	8	Stop. Nun steht sich das Paar mit gekreuzten Händen, die RH sind unten, gegenüber.		
		www.salsa-kompendium.de		

Nun einfach die Hände lösen, in Grundhaltung und GS beim folgenden „1-2-3" gehen oder diese Position nutzen, um sofort in eine neue Figur zu wechseln, da verfügen wir ja inzwischen über einige Möglichkeiten.

102

27. Figur: Sombrero mit normalem IT

<u>Übersicht für den führenden Herrn:</u>

Beide Hände beim Herausgehen aus dem Sombrero festhalten und über die Köpfe vor das Paar zurückführen, dabei die Dame beim zweiten Teil des CBL durch eine zusätzliche Linksdrehung, einen Inside Turn IT führen.

Unterrichtszeit Tanzschule	15 min	Wiederholung	10 min
Erstmaliges Lernen im Selbststudium	30 min	Konzentriertes Lesen	5 min

Anhaltswerte für erforderliche Übungszeiten

Bis Takt 4 entsprechend dem normalen Sombrero in diese Haltung hinein, dann weiter wie folgt:

T	S	Er	Sie	Pos.
		Bis hierhin also der normale Sombrero.		
5	1-2-3	Mit den Füßen den Beginn eines CBL, die Hände über den Köpfen wieder nach vorn nehmen.	Beginn CBL, Führungssignal beachten.	
	4	Stop	Stop	
6	5-6-7	Bei „5-6-7" die Dame durch einen IT mit gehaltenen Händen führen.	Einen IT tanzen.	
	8	Stop. Nun steht sich das Paar mit gekreuzten Händen, die RH sind oben, gegenüber. **www.salsa-kompendium.de**		

Nun einfach die Hände lösen und in Grundhaltung und GS beim folgenden „1-2-3" gehen, oder diese Position nutzen, um sofort in eine neue Figur zu gehen, einen neuen Sombrero oder oder oder...

28. Figur: Sombrero mit Linksdrehung

<u>Übersicht für den führenden Herrn:</u>

Aus dem Sombrero heraus die eigene LH lösen, beide RH vor den Bauch der Dame nehmen und sie danach in 1½ schnellen Linksdrehungen vor sich in Grundhaltung führen.

Unterrichtszeit Tanzschule	15 min	Wiederholung	15 min
Erstmaliges Lernen im Selbststudium	30 min	Konzentriertes Lesen	10 min

Anhaltswerte für erforderliche Übungszeiten

Bis Takt 4 in den Sombrero hinein, dann weiter wie folgt:

T	S	Er	Sie	Pos.
		Bis hierhin also der normale Sombrero.		
5	1-2-3	GS am Platz, die LH öffnen, so dass die Dame ihre Hand herabgleiten lassen kann. Die RH über ihren Kopf vor sie nehmen.	GS am Platz, dabei auf das Führungssignal achten, die frei gewordene Hand herabgleiten lassen. Körperspannung!	
	4	Stop	Stop	
6	5-6-7	Ihr bei „5" mit der RH Schwung geben für 1½ schnelle Drehungen links herum, die sie vor ihn bringen. Die RH natürlich nach dem Schwunggeben lösen, die Dame aber mit umgreifenden Armen berührungslos führen, um sie ggf. halten zu können.	Während 1½ schneller Linksdrehungen vor ihn laufen, bei 7 den linken Arm hochnehmen, damit er in Grundhaltung gehen kann und dann gerade vor ihm stehen.	
	8	**www.salsa-kompendium.de**		

Nun die Hände lösen und in den GS oder intelligenter weiter.

Bild 7.20: *Lady Free CBL RH wie nach Takt 5 erreicht*

29. Figur: Sombrero mit Flirt

Übersicht für den führenden Herrn:

Aus dem Sombrero heraus die eigene LH lösen, beide RH vor den Bauch der Dame nehmen und sie danach eine Linksdrehungen durchführen lassen, bis sie mit dem Rücken vor ihm steht. Sie dann rechtsdrehend wieder vor sich holen.

Unterrichtszeit Tanzschule	45 min	Wiederholung	15 min
Erstmaliges Lernen im Selbststudium	60 min	Konzentriertes Lesen	25 min

Anhaltswerte für erforderliche Übungszeiten

Bis Takt 4 entsprechend dem normalen Sombrero in diese Haltung hinein, dann weiter wie folgt:

T	S	Er	Sie	Pos.
		Bis hierhin also der normale Sombrero.		
5	1-2-3	Am Platz, die LH öffnen, so dass die Dame ihre Hand herabgleiten lassen kann. Die RH über ihren Kopf vor sie nehmen.	Am Platz, auf Führungssignal achten.	
	4	Stop	Stop	
6	5-6-7	Ihr bei „5" mit der RH leichten Zug geben für eine (!) Linksdrehung, die RH gefasst lassen. Die Dame bei „7" mit der eigenen RH an ihrer rechten Hüfte so stoppen, dass sie mit dem Rücken zu ihm zu stehen kommt. Evtl. mit der eigenen LH an ihrer linken Schulter unterstützen in der **Flirt**-Position.	Links herum eindrehen, so dass der rechte Arm hinter dem Rücken liegt, insgesamt eine volle und langsam wirkende Linksdrehungen durchführen und mit dem Rücken zu ihm zu stehen kommen.	
	8	Stop	Stop	
7	1...	Seitlich am Platz.	Seitlich am Platz	
	4	Stop	Stop	

T	S	Er	Sie	Pos.
8	5-6-7	Der Dame mit der RH an ihrer rechten Hüfte ein wenig Zug für eine halbe Rechts- oder viel Schwung für 1½ schnelle Rechtsdrehungen geben, an ihrer linken Schulter mit der LH die Führung unterstützen. Selbst GS oder bei „5" mit dem RF hinter den LF treten und so eine eigene Rechtsdrehung starten. Letzteres nur, wenn sie fit genug ist, in eigener Stabilität zu drehen. Kann er erkennen!	Je nach Führung eine halbe oder eine 1½ -fache Rechtsdrehung. Selbst stabil sein, frau weiß nie, ob der Herr zusätzlich auch selbst dreht und sie dann nicht mehr wie gewohnt stützen kann.	
	8	Stop	Stop	
9	1...	CBL	CBL	
	4	Stop	Stop	
10	5...	CBL	CBL	
	8	www.salsa-kompendium.de		

Natürlich kann er während Takt 8 auch etwas „Men-Style" einbauen: er würde bei „1" den LF gewichtslos nach links abstrecken, bei „2" dort belassen und auf „3" wieder in Grundposition zurückgehen.

Typisch für die Salsa haben wir hier während Takt 8 verschiedene Variationen, die innerhalb der Figur möglich sind. Nun ist die Figur selbst ja schon eine Variation des Sombrero. Bei richtiger Führung und einer Dame mit guter Körperspannung kein Problem!

30. Figur: Spiegelbild-Sombrero

Noch ein Sombrero - und kein Ende abzusehen. Variationen dieser Vielfalt dürften bei so ziemlich allen Figuren möglich sein.

Übersicht für den führenden Herrn:

Aus dem normalen Sombrero in den gegengleichen Sombrero an der eigenen linken Schulter führen, mehrfach hin- und her oder wieder heraus mit CBL.

Unterrichtszeit Tanzschule	30 min	Wiederholung	15 min
Erstmaliges Lernen im Selbststudium	45 min	Konzentriertes Lesen	5 min

Anhaltswerte für erforderliche Übungszeiten

Diese Figur sollte zunächst nur bei langsamer Musik geprobt werden. Meist gelingen am Anfang die Drehungen nicht schnell genug. Bis Takt 4 in den normalen Sombrero hinein, dann weiter wie folgt:

T	S	Er	Sie	Pos.
		Bis hierhin also der normale Sombrero.		
5	1-2-3	Am Platz, dabei alle Hände halten und vor die Körper nehmen.	Am Platz.	
	4	Stop	Stop	
6	5-6-7	Die Dame durch 1½ Linksdrehungen führen, dabei selbst eine halbe Rechtsdrehung, die Arme spiegelbildlich zum ersten Sombrero.	1½ Linksdrehungen tanzen, die Arme führen lassen.	
	8	Stop. Das Paar steht nun in einem Sombrero, der spiegelbildlich zum Ausgangssombrero ist.		
7	1-2-3	Die Arme wieder nach vorne nehmen, die Dame auf sich zuführen, selbst eine Vierteldrehung nach links durchführen.	Eine viertel Rechtsdrehung tanzen.	
	4	Stop. Das Paar steht sich nun wieder gegenüber in gekreuzter Doppelhandhaltung, die RH sind oben.		
8	5...	Am Platz.	Am Platz.	
	8	Stop	Stop	
9	1...	CBL	CBL	
	4	Stop	Stop	

T	S	Er	Sie	Pos.
10	5-6-7	CBL abschließen, Hände loslassen und in Grundhaltung gehen. Schön ist es hier, die Dame durch einen IT zu führen.	CBL abschließen.	
	8	**www.salsa-kompendium.de**		

Natürlich kann der Herr, wenn die Figur so wie beschrieben gut funktioniert, nach Takt 7 wieder in den Ausgangssombrero gehen und den Wechsel mehrfach führen.

Bild 7.21:   _Spiegelbild-Sombrero, erreicht nach Takt 6_

31. Figur: Sombrero mit Untergriff

<u>Übersicht für den führenden Herrn:</u>

Aus der normalen Sombreroposition die eigene RH lösen und damit zwischen dem Paar nach vorne durchgreifen und wieder ihre RH nehmen. Links loslassen und mit CBL und IT heraus.

Unterrichtszeit Tanzschule	20 min	Wiederholung	15 min
Erstmaliges Lernen im Selbststudium	30 min	Konzentriertes Lesen	10 min

Anhaltswerte für erforderliche Übungszeiten

Bis Takt 4 in den normalen Sombrero hinein, dann weiter wie folgt:

T	S	Er	Sie	Pos.
		Bis hierhin also der normale Sombrero.		

T	S	Er	Sie	Pos.
5	1-2-3	Am Platz, dabei die RH lösen und unter ihrem linken Arm nach vorne greifen, LH lösen, ihre RH vor ihrem Bauch wieder mit der eigenen RH nehmen. Es kann nötig sein, mit der eigenen LH ihre RH zu nehmen und in die eigene RH zu führen, wenn sie nicht mitbekommt, was passiert und wenn sie ihre RH auch nicht vor ihre Körpermitte nimmt.	Am Platz, die RH vor die eigene Körpermitte nehmen und die hingehaltene Hand des Herrn ergreifen. Ihren linken Arm senkrecht nach oben nehmen, sobald die LH frei ist.	
	4	Stop. Wir sind hier nun in einer im Rahmen der Sombreros oft beschriebenen Situation, aus der heraus es die verschiedenen Lösungen gibt. Eine davon führen, mein Herr! Der Vollständigkeit halber wird hier eine der vielen Abschlüsse beschrieben - vgl. den „Sombrero mit Flirt".		
6	5-6-7	Ihr bei „5" mit der RH leichten Zug geben für eine (!) Linksdrehung, die RH gefasst lassen. Die Dame bei „7" mit der eigenen RH an ihrer rechten Hüfte so stoppen, dass sie mit dem Rücken zu ihm steht. Evtl. mit der eigenen LH an ihrer linken Schulter unterstützen.	Links herum eindrehen, so dass der rechte Arm hinter dem Rücken liegt, insgesamt eine volle und gemächliche Linksdrehungen durchführen und mit dem Rücken zu ihm zu stehen kommen.	
	8	Stop	Stop	
7	1...	Seitlich am Platz.	Seitlich am Platz	
	4	Stop	Stop	

T	S	Er	Sie	Pos.
8	5-6-7	Der Dame mit der RH an ihrer rechten Hüfte ein wenig Zug für eine halbe Rechts- oder viel Schwung für 1½ schnelle Rechts-drehungen geben, an ihrer linken Schulter mit der LH die Führung unterstützen. Selbst GS oder bei „5" mit dem RF hinter den LF treten und so eine eigene Rechtsdrehung starten. Letzteres nur, wenn sie fit genug ist, in eigener Stabilität zu drehen.	Je nach Führung eine halbe oder eine 1½ -fache Rechtsdrehung. Selbst stabil sein, frau weiß nie, ob der Herr selbst dreht und sie dann nicht wie gewohnt stützen kann.	
	8	Stop	Stop	
9	1...	CBL	CBL	
	4	Stop	Stop	
10	5...	CBL	CBL	
	8	www.salsa-kompendium.de		

Nun in den GS oder intelligenter weiter.

Bild 7.22: _Der „Untergriff" der RH des Herrn zum Erstaunen der Dame - meist ergreift sie am Anfang ihrer tänzerischen Karriere die dargebotene RH des Herrn zu spät mit ihrer RH_

32. Figur: Sombrero con Mambo

Übersicht für den führenden Herrn:

In die Sombrero-Position gehen, dann während der folgenden 8 Schläge mit den Füßen die Taps der Mambo-Ergänzung. Dann die Dame links herum hinter sich durchführen und in Grundhaltung gehen.

Unterrichtszeit Tanzschule	60 min	Wiederholung	20 min
Erstmaliges Lernen im Selbststudium	75 min	Konzentriertes Lesen	10 min

Anhaltswerte für erforderliche Übungszeiten

In den Takten 1-4 in die Sombrero-Position gehen und sicherstellen, dass beide in die gleiche Richtung und genau nebeneinander ausgerichtet sind und dann wie folgt weiter:

T	S	Er	Sie	Pos.
		Bis hierhin also der normale Sombrero.		
5	1-2-3	Die Position des Sombrero bleibt nun bei den folgenden 2 Takten, die der „Mambo"-Ergänzung gewidmet sind, erhalten: bei jedem der folgenden 8 Schläge passiert etwas mit den Füßen und den Becken. Bei „1" wird der LF nach vorn getapt, bei „2" wird er zurückgenommen. Das gleiche nun mit dem RF auf „3-4". Achtung: beim Tap der Füße wird zugleich das Becken kurz nach vorn und wieder zurückgenommen.	Sie macht die gleichen Fußbewegungen wie er, aber spiegelbildlich, fängt also mit dem Tap der rechten Fußspitze auf „1" an.	
	4	Hier keine Pause, siehe 1-2-3		
6	5-6-7	Es geht weiter wie zu Beginn von Takt 5. Also mit dem LF (!!!) los. Sehr ungewohnt, aber gut möglich.	Weiter spiegelbildlich zu seinem Schritt.	
	8	Stop, sein LF ist nun frei.	Stop. Ihr RF ist nun frei.	

T	S	Er	Sie	Pos.
7	1-2-3	Er lässt die mit seiner RH gehaltene Linke von ihr los, rutscht damit ihren Rücken herunter und führt sie vor sich. Mit seiner LH beginnt er, sie um sich herum zu führen, links herum. Er behält seine Richtung im Raum bei.	Sie beginnt, vorwärts um ihn herum zu laufen. Bei „1" zunächst noch mit dem RF zurück, ab dann vorwärts. Sie wendet ihm während der Takte 7-9 die linke Schulter zu und streicht mit ihrer LH bei ihm um die Taille.	
	4	Stop, ihre LH loslassen.	Stop	
8	5-6-7	Bei „7" die Dame vollständig loslassen, sie weiß nun, dass es um ihn herum gehen soll.	Sie läuft weiter um ihn herum und streicht dabei mit ihrem linken Arm um seinen Waschbrettbauch.	
	8	Stop	Stop	
9	1-2-3	GS am Platz nach vorne. Bei „1" und „2" jeweils in die Hände klatschen.	Sie läuft weiter um ihn herum.	
	4	Stop	Stop	
10	5-6-7	Ihre Hände wieder ergreifen und sie vor sich ziehen. Bei „7" stehen beide wieder in Grundposition.	Vor ihn laufen. Bei „7" steht sie vor ihm.	
	8	www.salsa-kompendium.de		

Nun kann das Paar abschließend eine Vierteldrehung nach rechts durchführen, um wieder in die Ausgangsposition vor der Figur zu kommen, oder natürlich auch direkt in eine andere Figur starten.

33. Figur: Regenbogen

Übersicht für den führenden Herrn:

Dame durch eine volle Rechtsdrehung führen, dabei selbst eine halbe Linksdrehung. Arme in weitem Bogen über den eigenen Kopf führen. Dann mit den Händen wieder einen großen Bogen zurück und Handwechsel, so dass ihre LH in seiner RH liegt. Dame dann in einer vollen Linksdrehung vor sich holen.

Unterrichtszeit Tanzschule	45 min	Wiederholung	20 min
Erstmaliges Lernen im Selbststudium	70 min	Konzentriertes Lesen	15 min

Anhaltswerte für erforderliche Übungszeiten

Aus dem GS in die parallele Doppelhandhaltung gehen, z. B. nach einer Damenrechtsdrehung. Danach steht sich das Paar mit etwas Abstand gegenüber und weiter wie folgt:

T	S	Er	Sie	Pos.
1	1-2-3	GS, bei „3" die eigene RH und damit ihre LH leicht hoch- und in die Mitte des Paares nehmen als Führungssignal.	GS, auf das Hochnehmen der Hand reagieren: Körperspannung aufbauen, vorbereiten auf eine kommende Aktion.	
	4	Stop	Stop	
2	5-6-7	Bei „5-6-7" die Dame durch eine mit der RH geführte Rechtsdrehung führen, bei „7" selbst eine halbe Linksdrehung durchführen und die RH im weiten **(Regen-) Bogen** über den eigenen Kopf führen. Bei „7" ihre LH in die eigene LH legen (Handwechsel).	Rechtsdrehung.	
	8	Stop. Er steht jetzt vor ihr, der Dame den Rücken zugekehrt. Seine LH hält ihre LH, aus seiner Sicht nach links unten abgestreckt.		

113

T	S	Er	Sie	Pos.
3	1-2-3	Bei „1" mit dem LF nach hinten, bei „2" mit dem RF kreuzen, bei „3" mit dem LF mit etwas Abstand links neben den RF, also leicht nach links versetzen. Mit der LH dabei einen möglichst großen Bogen mit gestreckten Händen über den Kopf zurück führen. Bei „3" Handwechsel, so dass seine RH nun ihre LH hält.	Bei „1" mit dem RF nach hinten, bei „2" mit dem LF kreuzen, bei „3" mit dem RF mit etwas Abstand rechts neben den LF, also leicht nach rechts versetzen.	
	4	Stop. Das Paar steht nun mit Abstand nebeneinander und blickt in die gleiche Richtung.	Stop. Körperspannung aufbauen!	
4	5-6-7	Bei „5-6-7" die Dame mit sanftem (!) Zug in einer gelaufenen vollen Linksdrehung vor sich führen. Mit der LH an ihre linke Schulter und die Dame stabilisieren helfen. Seine RH und ihre LH liegen nun an ihrer rechten Hüfte, seine LH liegt mit der flachen Hand von hinten aufgelegt an ihrer linken Schulter. Dort kann sie auch von zu weitem Drehen abgehalten werden!	Im Rahmen einer Linksdrehung vor ihn laufen. Dabei mit dem rechten Arm vor die eigene Brust gehen bei „5-6", bei „7" diesen Arm senkrecht nach oben führen. Sie steht nun leicht nach rechts versetzt vor ihm und kehrt ihm den Rücken zu.	
	8	Stop	Stop	
5	1...	Wiegen am Platz.	Wiegen am Platz.	
	4	Stop	Stop	

T	S	Er	Sie	Pos.
6	5-6-7	Selbst am Platz, die Dame mit der RH durch $1^1/_2$ Rechtsdrehungen führen und an ihrer linken Schulter unterstützend leichten Startdruck geben. Dann ggf. die LH stabilisierend an ihrem drehenden Körper in Hüfthöhe lassen, falls die Dame aus der Richtung kommen sollte. Danach steht das Paar voreinander, seine RH hält ihre LH.	$1^1/_2$ Rechtsdrehungen bei „5-6-7". An deren Ende kommt sie genau vor ihm in Grundposition an.	
	8	Stop	Stop	
7	1-2-3	Beginn eines CBL z. B. mit Ventanita, dem Fensterchen.	CBL-Anfang	
	4	Stop	Stop	
8	5...	Ende vom CBL, nach „7" steht sich das Paar wieder in Grundhaltung gegenüber.		
	8	**www.salsa-kompendium.de**		

Takt 4 bietet die Möglichkeit, die Dame durch $1^1/_2$ Linksdrehungen direkt wieder vor sich zu führen. Dann wird aus dem sanften Zug ein dynamischer Schwung als Führungssignal. Dazu muss die Dame Körperspannung aufbauen und die beiden Signale differenzieren können.

Bild 7.23: *Der „Regenbogen". Die abgebildeten Figuren sind gemäß der Position nach Abschluss von Takt 2 abgebildet*

34. Figur: Körbchen, Schmetterling und Nackenheimer

<u>Übersicht für den führenden Herrn</u>:

Es handelt sich hier um eine Folge bekannter Figuren. Aus dem GS in einen CBL, dann macht der Herr eine halbe Rechtsdrehung mit Handwechsel. Seine LH nimmt zusätzlich unten die LH der Dame und dann rollt er sie während eines Platzwechsels vor sich in ein enges Körbchen für sie. Am Platz, dann die Dame mit der LH durch $1^1/_2$ Rechtsdrehungen, so dass sie wieder vor ihm steht. Er nimmt nun ihre freie Hand mit der eigenen RH. Nun ist das Paar in der gekreuzten Doppelhandhaltung, die LH sind oben. Nun einen CBL mit IT, die Dame vor sich in die Schmetterlingsposition nehmen. Am Platz, dann die Dame mit der LH durch $1^1/_2$ Rechtsdrehungen führen. Dann selbst eine halbe Rechtsdrehung, dabei den rechten Arm heben und an ihren Nacken legen, die Dame nun während eines CBL durch einen kopfgeführten IT (oder auch Nackenheimer) führen. Zum Abschluss noch einen CBL.

Unterrichtszeit Tanzschule	90 min	Wiederholung	30 min
Erstmaliges Lernen im Selbststudium	120 min	Konzentriertes Lesen	20 min

Anhaltswerte für erforderliche Übungszeiten

Aus dem GS wie folgt weiter:

T	S	Er	Sie	Pos.
1	1...	Beginn eines CBL	CBL	
	4	Stop	Stop	
2	5-6-7	CBL abschließen und dabei etwas auf Abstand zur Dame gehen, dazu die Dame aus der RH weggleiten lassen.	CBL abschließen	
	8	Stop	Stop	

T	S	Er	Sie	Pos.
3	1-2-3	Der Herr tritt bei "1" nach hinten in den Open Break, macht bei "2-3" eine halbe Drehung rechts herum und steht nun seitlich von ihr, so dass die Dame freie Bahn vor sich hat. Während der Drehung führt er einen Handwechsel durch, indem er die RH der Dame von seiner LH in seine RH übergibt. Dann führt er seine LH vorn an sich vorbei und hält sie hin.	GS am Platz, die hingehaltene LH des Herrn mit der eigenen freien LH nehmen.	
	4	Stop	Stop	
4	5-6-7	Selbst GS, dabei die Dame durch einen IT führen, mit der RH dabei über ihren Kopf, die LH bleibt unten. Die Dame rollt also in seine Arme in ein enges Körbchen für sie.	Einen IT tanzen, also nach vorn laufen und dabei eine volle Linksdrehung. Die Hände führen lassen.	
	8	Stop. Das Paar steht nun voreinander, die Dame wendet dem Herrn den Rücken zu und ist fest eingewickelt. Ihre Arme laufen über Kreuz vor ihrem Bauch, seine Arme sind zwischen dem Paar gekreuzt.		
5	1-2-3	Am Platz, dabei die eigene RH etwas lockern, um der Dame anzuzeigen, dass es dort gleich zur Trennung der Hände kommen wird. Falls die Dame aber vorzeitig starten will, an der Schulter halten!	Am Platz. Die RH nicht lösen oder wegziehen!	
	4	Stop	Stop	

T	S	Er	Sie	Pos.
6	5-6-7	Mit der eigenen RH bei „5" die Dame in $1^1/_2$ Rechtsdrehungen hineinführen und dann die eigene RH loslassen. Danach die Dame an den gehaltenen LH weiter rechts herum führen, bis $1^1/_2$ Rechtsdrehungen abgeschlossen sind.	Die $1^1/_2$ Rechtsdrehungen durchführen und wieder vor ihm zu stehen kommen.	
	8	Stop. Das Paar steht sich nun gegenüber, die LH sind gehalten. Der Herr könnte nun entscheiden, die Sache zu beenden, indem er sich die LH der Dame an den eigenen Nacken legt und im Rahmen eines CBL wieder in Grundhaltung geht. Macht er aber nicht.		
7	1-2-3	Der Herr nimmt jetzt zusätzlich noch die RH der Dame in die eigene RH zu einer gekreuzten Doppelhandhaltung mit den LH oben. Dabei den Beginn eines CBL.	Beginn eines CBL in gekreuzter Doppelhandhaltung.	
	4	Stop	Stop	
8	5-6-7	Durch Schwung geben mit der RH führt der Herr die Dame durch einen IT in einen Schmetterling. Sie steht nun vor ihm, wendet ihm den Rücken zu. Beide haben ihre Arme weit zur Seite abgestreckt.	IT und die Arme weit abstrecken lassen. Dabei die Arme selbst halten, nicht beim Herrn abstützen!	
	8	Stop	Stop	
9	1-2-3	Am Platz oder mit Style bei "1" den LF o. Gewicht n. links, bei "3" wieder heranziehen. Dabei die gestreckten Arme als Schmetterlingsschlag herunter und wieder hinaufführen.	GS seitlich am Platz.	
	4	Stop	Stop	

T	S	Er	Sie	Pos.
10	5-6-7	Selbst am Platz tanzen, dabei mit der eigenen RH loslassen und die Dame mit der LH durch 1½ Rechtsdrehungen führen.	1½ Rechtsdrehungen	
	8	Stop. Das Paar steht nun wieder gegenüber, die LH sind gehalten.		
11	1-2-3	Der Herr tritt nun wieder bei "1" in den Open Break und führt bei "2-3" eine halbe Rechtsdrehung durch. Er steht nun seitlich versetzt vor ihr, sie hat die Bahn frei. Wichtig: bei "2-3" hebt er den rechten Arm über ihren Kopf und führt ihn an den Nacken der Dame.	Am Platz. Nicht vorlaufen!	
	4	Stop	Stop	
12	5-6-7	Die Dame durch einen kopfgeführten IT, den "Nackenheimer" wieder vor sich führen.	Einen kopfgeführten IT, der sie vor ihn bringt. Gegen Ende den linken Arm senkrecht anheben.	
	8	Stop	Stop	
13	1-2-3	Zum runden Abschluss einen CBL einleiten.	CBL-Anfang	
	4	Stop	Stop	
14	5...	CBL-Ende	CBL-Ende	
	8	**www.salsa-kompendium.de**		

Beim kopfgeführten Inside Turn IT kann sie natürlich auch den Kopf gebeugt halten und so der Figur ein schöneres Aussehen und eleganteres Gefühl geben.

35. Figur: El Caminito adelante

Bisweilen finden Sie sich im Bereich des dichtesten Getümmels auf der Tanzfläche wieder, während es in der rechten, hinteren Ecke leer ist. Oder Sie müssen mal rasch zur Bar. Da ist es natürlich besonders elegant, sich auf der Fläche fortbewegen zu können und dabei im Takt zu bleiben. Dazu ist „El Caminito" oder „Der Läufer, vorwärts" genau das Richtige, ist diese Figur doch nichts anderes als ein GS, der raumgreifend über die Tanzfläche führt.

Übersicht für den führenden Herrn:

Alle Schritte führen aus seiner Sicht vorwärts, aus ihrer Sicht rückwärts, so bewegt sich das Paar über die Tanzfläche.

Unterrichtszeit Tanzschule	25 min		Wiederholung	10 min
Erstmaliges Lernen im Selbststudium	40 min		Konzentriertes Lesen	5 min

Anhaltswerte für erforderliche Übungszeiten

Ein GS, danach wie folgt weiter:

T	S	Er	Sie	Pos.
1	1-2-3	Bei „1" geht er mit dem LF nach vorn und bewegt dabei auch den Körper und die Arme deutlich als Führungssignal mit vor, bei „2" zieht er dann den RF nach vorne neben den LF und verlagert das Gewicht auf den RF. Bei „3" wird der RF frei.	Bei „1" macht Sie den normalen GS und wundert sich, dass er so nah kommt. Damit kann sie gar nicht anders als bei „2" ihren LF neben den RF zu setzen und das Gewicht verlagern. Bei „3" wird der LF frei.	
	4	Stop	Stop	
2	5-6-7	Bei „5" RF nach vorn, bei „6" LF heran, bei „7" nochmalige Gewichtsverlagerung. LF ist nun frei.	Bei „5 LF nach hinten, bei „6" RF heran, bei „7" nochmalige Gewichtsverlagerung. RF ist nun frei.	
	8	Stop	Stop	
3	1...	Wiederholung von Takt 1.	Wiederholung von Takt 1.	
	4	Stop	Stop	

T	S	Er	Sie	Pos.
4	5…	Wiederholung von Takt 2.	Wiederholung von Takt 2.	
	8	www.salsa-kompendium.de		

Heraus geht es dann einfach dadurch, dass er bei 1-2-3 in den normalen GS führt und sie entsprechend mitnimmt.

Grundsätzlich kann er die Takte 1+2 beliebig oft wiederholen, bis das Paar dort angekommen ist, wo es hinsollte. Er kann auch bei 5-6-7 wieder zurückführen, wenn es z. B. gerade auf der Tanzfläche eng wird.

Hat das Paar sich an diese Art der Fortbewegung gewöhnt, können die Schritte größer werden und die Füße werden, wie beim normalen Gehen auch, nicht mehr geschlossen. Auf die Pause achten!

36. Figur: El Caminito atrás hacia

Übersicht für den führenden Herrn:

Die Figur ist, wen wundert's, „Der Läufer, vorwärts", jedoch rückwärts. Die Beschreibung ist daher gestrafft, „El Caminito adelante" wird als bekannt vorausgesetzt.

Unterrichtszeit Tanzschule	15 min		Wiederholung	10 min
Erstmaliges Lernen im Selbststudium	20 min		Konzentriertes Lesen	5 min

Anhaltswerte für erforderliche Übungszeiten

Ein GS, danach wie folgt weiter:

T	S	Er	Sie	Pos.
1	1…	normaler GS	normaler GS	
	4	Stop	Stop	
2	5-6-7	Bei „5" RF nach hinten, bei „6" LF heran, bei „7" nochmalige Gewichtsverlagerung. LF ist nun frei.	Bei „5" LF nach vorn, bei „6" RF heran, bei „7" nochmalige Gewichtsverlagerung. RF ist nun frei.	
	8	Stop	Stop	
3	1-2-3	Ein weiterer Rückschritt für den Herrn, RF ist nach „3" frei.	Die Dame geht vor, LF ist nach „3" frei.	
	4	Stop	Stop	

T	S	Er	Sie	Pos.
4	5-6-7	Und nochmals zurück wie in Takt 2 beschrieben.	Und nochmals vor wie in Takt 2 beschrieben.	
	8	www.salsa-kompendium.de		

Vergleiche die Kommentare zum „El Caminito adelante".

37. Figur: Softeis

<u>Übersicht für den führenden Herrn:</u>

In gekreuzte Doppelhandhaltung mit den RH oben. Dann das Paar nebeneinander in eine Richtung bringen mit Armen vor den Körpern. Auf den folgenden Takten die Dame um sich herum führen und danach mit einem Streichler **Caricia** die Figur mit einem CBL abschließen. Je nach Lust und Laune kann die Dame natürlich auch mehrfach herumgeführt werden.

Unterrichtszeit Tanzschule	30 min
Erstmaliges Lernen im Selbststudium	45 min

Wiederholung	10 min
Konzentriertes Lesen	5 min

Anhaltswerte für erforderliche Übungszeiten

Aus dem GS wie folgt weiter:

T	S	Er	Sie	Pos.
1	1-2-3	GS, ihr bei "3" eine Rechtsdrehung ankündigen.	Normaler GS und das Führungssignal sehen. Nur sehen, nicht starten!	
	4	Stop	Stop	
2	5-6-7	Sie durch eine volle Rechtsdrehung führen und bei „7" Handwechsel vornehmen. Ihre RH in die eigene RH und auch ihre LH mit der LH nehmen. Die RH sind oben.	Ganze Rechtsdrehung.	
	8	Stop	Stop	
3	1...	Am Platz.	Am Platz.	
	4	Stop	Stop	

T	S	Er	Sie	Pos.
4	5-6-7	Selbst eine viertel Linksdrehung, die Dame in eine viertel Rechtsdrehung führen, dabei die Hände vor den Körpern gefasst lassen.	Eine viertel Rechtsdrehung.	
	8	Stop	Stop	
5	1...	Am Platz.	Am Platz.	
	4	Stop	Stop	
6	5-6-7	Während der folgenden 3 Takte behält der Herr seine Richtung im Raum bei und macht GS, sie läuft um ihn herum. Die Hände bleiben dabei gefasst und bewegen sich über seinen Kopf hinweg.	Vorn an ihm vorbei, vorwärts gerichtet um ihn herumlaufen, dabei nicht um sich selbst drehen, sondern die eigene linke Schulter immer ihm zugewandt (!) lassen.	
	8	Stop	Stop	
7	1-2-3	s. Beschreibung zu Takt 6	Weiterlaufen, linke Schulter zeigt immer in Richtung des Herrn.	
	4	Stop	Stop	
8	5-6-7	s. Beschreibung zu Takt 6	Weiterlaufen, bis sie wieder vor ihm steht und auf ihn zudrehen.	
	8	Stop. Das Paar steht sich nun in gekreuzter Doppelhandhaltung gerade gegenüber, die LH sind oben.		
9	1-2-3	Mit den Füßen einen CBL Start, dabei legt er sich ihre LH an den Nacken.	CBL Start	
	4	Stop	Stop	
10	5-6-7	CBL abschließen und wieder in Grundhaltung.	CBL abschließen.	
	8	**www.salsa-kompendium.de**		

7.4 Dance Floor Master – Menschen begeistern lernen

Wer alle vorn beschriebenen Figuren sicher beherrscht, kann zu schwierigeren Figuren übergehen. Da kann es dann schon anfangen, dass die Zuschauer und neue Tanzpartner begeistert sind!

Da Sie nun routinierte Leser sind, werden nur in Ausnahmefällen noch Abbildungen zur Erläuterung der Positionen verwendet.

38. Figur: Heimliche Damendrehung mit Hauch der Gefahr

Vorsicht - erst langsam und vorsichtig üben und die Kommentare unter der Beschreibung lesen!

Übersicht für den führenden Herrn:

Der Dame während des GS ihren rechten Arm hinter ihren Rücken führen, ihre RH mit der eigenen RH nehmen und die Dame bei „5-6-7" durch zwei volle Rechtsdrehungen führen.

Unterrichtszeit Tanzschule	20 min	Wiederholung	10 min
Erstmaliges Lernen im Selbststudium	35 min	Konzentriertes Lesen	5 min

Anhaltswerte für erforderliche Übungszeiten

Aus dem GS oder eleganter nach einem CBL:

T	S	Er	Sie	Pos.
1	1...	GS	GS	
	4	Stop	Stop	
2	5-6-7	GS, dabei mit der LH ihre RH nach unten hinter ihren Rücken führen.	GS	
	8	Stop	Stop	
3	1-2-3	GS, dabei ihre RH hinter ihrem Rücken mit der eigenen RH nehmen, seine LH dann loslassen.	GS	
	4	Stop	Stop	

T	S	Er	Sie	Pos.
4	5-6-7	GS am Platz, mit der RH die Dame durch 2 Rechts-drehungen führen, die Hände danach wieder wechseln und in normale Tanzhaltung gehen.	2 Rechtsdrehungen und viel Vertrauen in die tänzerische Empathie des Herrn.	
	8	www.salsa-kompendium.de		

Vorsicht: bei Takt 4 schafft die Dame am Anfang in der Regel nicht zwei volle Rechtsdrehungen locker während eines Taktes. Wenn der Herr nun hart führt und die Arme dazu noch unglücklich ausgerichtet sind, kann er der Dame den Arm sehr schmerzhaft und ungesund verdrehen! Lieber loslassen als mit Gewalt durchdrücken!

Da das Paar aus der Figur mit einer Haltung herauskommt, bei der die RH sich halten, kann der Herr noch beim Herausgehen aus der Figur das Paar in eine gekreuzte Doppelhandhaltung nehmen. So kann die Figur dazu genutzt werden, sofort eine andere Figur zu beginnen.

39. Figur: CBL mit Lady und Men-Style

Diese kleine Ergänzung macht aus dem normalen, immer ein wenig simpel wirkenden CBL einen echten Hingucker!

<u>Übersicht für den führenden Herrn</u>:

Wie ein normaler CBL mit eleganten Einlagen.

Unterrichtszeit Tanzschule	30 min	Wiederholung	15 min
Erstmaliges Lernen im Selbststudium	45 min	Konzentriertes Lesen	15 min

Anhaltswerte für erforderliche Übungszeiten

Siehe auch die Beschreibung des normalen „CBL", auf die hier auch Bezug genommen wird. Insbesondere die hier besprochene Bewegung der Dame gibt ihr ein wirklich schwungvolles, elegantes Aussehen und ist dementsprechend schwierig zu erlernen. Ein GS, danach wie folgt weiter:

T	S	Er	Sie	Pos.
1	1-2-3	Auf „1" setzt er den LF gewichtslos nach vorne, bei „2" hebt er den LF in die Luft und führt mit dem linken Knie einen Kick nach oben durch. Dabei beginnt er bereits, sich eine Vierteldrehung nach links zu drehen. Bei „3" setzt er den Fuß ab und steht nun in der Endposition des 1. Taktes des normalen „CBL".	Bei „1" setzt sie ihren RF nach hinten mit Gewichtsverlagerung auf den RF, bei „2" Gewichtsverlagerung auf den LF, bei „3" Gewichtsverlagerung zurück auf den RF, den RF dabei hinten stehen lassen. Sie hat nun den RF immer noch hinter dem LF stehen.	
	4	Stop. Sein RF ist nun frei.	Stop. In der Pause nimmt sie den LF gewichtslos als Tap neben den RF. Ihr Körper ist nun unter Spannung, z. B. sind die Bauchmuskeln fest.	
2	5-6-7	Der Herr tanzt das Ende des normalen CBL. Wichtig ist, dass er ihr bei „5" mit seiner LH spannungsgeladen hilft, aus ihrer Spannungsposition herauszukommen. Hier fließt zur Abwechslung mal tatsächlich Druck und Kraft über die Hände von ihm an sie, nicht nur wie sonst üblich die reine Information.	Bei „5" entlädt sich die Körperspannung in eine dynamische Vorwärtsbewegung ihres LF nach vorn, dabei dreht der LF leicht nach links ein. Bei „6" und „7" dreht sie sich links zu ihm herum, so dass das Paar sich nun wieder in Grundposition gegenübersteht.	
	8	www.salsa-kompendium.de		

Hiernach ein GS oder auch ein weiterer „CBL". Er führt!

40. Figur: Dile que si

Der CBL oder „dile que no" ist ein Platzwechsel links herum, hier nun der Platzwechsel rechts herum oder „Sag ihr ja" als wichtige Ergänzung.

<u>Übersicht für den führenden Herrn:</u>

Selbst bei „3" nach links vorne treten, danach Dame durch eine halbe Rechtsdrehung führen und selbst durch Hinterkreuzen des RF um sie herum laufen. Das Paar steht nun spiegelbildlich zur Ausgangsposition.

Unterrichtszeit Tanzschule	20 min
Erstmaliges Lernen im Selbststudium	40 min

Wiederholung	10 min
Konzentriertes Lesen	5 min

Anhaltswerte für erforderliche Übungszeiten

Zuerst einen GS dann wie folgt weiter:

T	S	Er	Sie	Pos.
1	1-2-3	Auf „1-2" den normalen GS beginnen. Auf „3" mit dem LF einen kleinen Schritt nach links vorne, dabei mit seinem linken Arm ihren rechten Arm hochführen.	Normaler GS.	
	4	Stop!		
2	5-6-7	Die Dame in eine halbe Rechtsdrehung führen, dabei selbst um sie herumlaufen (bei 5 mit dem RF hinter den LF treten). Das Paar macht also eine halbe Rechtsdrehung, den Platzwechsel rechts herum.	Halbe Rechtsdrehung	
	8	**www.salsa-kompendium.de**		

Beide stehen sich nun wieder gerade gegenüber, jedoch als Paar um 180° im Vergleich zur Situation vor der Figur gedreht. Die Figur ist also auch geeignet, um endlich mal Sicht auf andere Leute zu bekommen.

Natürlich kann diese Figur beliebig oft wiederholt werden. Es entsteht dann der Eindruck, dass der Herr sich um die Dame dreht, diese sich mal dem Herrn intensiv zuwendet, mal um sich selbst dreht.

41. Figur: Dile que si doble

Übersicht für den führenden Herrn:

Selbst bei „3" nach links vorne treten, danach Dame durch 1½ Rechtsdrehungen führen und selbst mit Hinterkreuzen des RF um ihren

Platz herum laufen. Das Paar steht nun spiegelbildlich zur Ausgangsposition.

Unterrichtszeit Tanzschule	25 min
Erstmaliges Lernen im Selbststudium	45 min

Wiederholung	10 min
Konzentriertes Lesen	5 min

Anhaltswerte für erforderliche Übungszeiten

Die Dame kann mit dieser Drehung ziemlich überrascht werden, weil der Herr nicht mehr da ist, wo sie vermutet hat. Demzufolge kann ihre letzte halbe Drehung zuerst etwas mühsam ausfallen und sollte sorgfältig geführt werden. Zuerst auf 1-2-3-stop-5-6-7-stop einen GS dann wie folgt weiter:

T	S	Er	Sie	Pos.
1	1-2-3	Auf „1-2" den normalen GS beginnen. Auf „3" LF nach links vorne, dabei mit seinem linken Arm ihren rechten hochführen und Handfläche an Handfläche legen.	Normaler GS.	
	4	Stop!		
2	5-6-7	Sie durch 1½ Rechts-drehungen führen, dabei selbst um sie herumlaufen (bei 5 mit dem RF hinter den LF treten), so dass das Paar sich wieder gegen-übersteht.	1½ Rechtsdrehungen	
	8	**www.salsa-kompendium.de**		

Beide stehen sich nun wieder gerade gegenüber, jedoch um 180° im Vergleich zur Situation vor der Figur nun als Paar gedreht.

42. Figur: Großer Schiebetürenschrank

Auch „el abanico" oder „Der Fächer" genannt, die Schulen sind sich da nicht einig.

<u>Übersicht für den führenden Herrn:</u>

Bei dieser ausnehmend netten Figur geht das Paar in gekreuzte Doppelhandhaltung, die RH oben. Nun führt er die Dame durch eine weitere Rechtsdrehung, währenderer der Herr ½ nach links dreht. Sein

128

rechter Arm ist hinter seinem Rücken, der linke nach links abgestreckt. Beim folgenden „1" geht er mit dem LF nach hinten, bei „2" kreuzt er mit dem RF nach links vor den LF, bei „3" tritt er weit nach links und holt die Dame mit dem rechten Arm nach rechts. Die Dame macht die Bewegung analog, natürlich mit den jeweils anderen Füßen. Diesen Ablauf nun noch einmal in die andere Richtung. Beim folgenden Schritt, der in die gleiche Richtung wie derjenige zu Beginn geht, lässt er die Hände der Dame los und nimmt mit seiner RH ihre LH, das Paar steht nun nebeneinander. Beim folgenden „5-6-7" zieht er die Dame vor sich nach links vorbei, dann bei „1-2-3" hinter sich vorbei wieder nach rechts. Beim folgenden „5-6-7" lässt er sie durch kurzes Anziehen mit seiner RH 1½ Linksdrehungen durchführen und geht wieder in Grundstellung.

Unterrichtszeit Tanzschule	60 min	Wiederholung	30 min
Erstmaliges Lernen im Selbststudium	90 min	Konzentriertes Lesen	15 min

Anhaltswerte für erforderliche Übungszeiten

Die Tänzer gehen in gekreuzte Doppelhandhaltung, die RH sind oben. Die Hände während der folgenden Figur gehalten lassen, <u>bis ein Loslassen beschrieben wird</u>. Es geht wie folgt weiter:

T	S	Er	Sie	Pos.
1	1...	Am Platz	Am Platz	
	4	Stop	Stop	
2	5-6-7	Bei „5-6" die Dame in $1^1/_4$ Rechtsdrehungen führen, selbst bei „6-7" $^1/_4$ nach links drehen, beide LH über seinen Kopf bewegen und dabei vor die Dame laufen und leicht vor ihr nach rechts versetzt zu stehen kommen. Die RH hinter dem eigenen Rücken, die LH nach links abgestreckt.	$1^1/_4$ Rechtsdrehungen, die Handhaltung des Herrn beachten und seinen Rücken bewundern.	
	8	Stop	Stop	

T	S	Er	Sie	Pos.
3	1-2-3	Bei „1" geht er mit dem LF nach hinten, bei „2" kreuzt er mit dem RF nach links vor den LF, bei „3" tritt er mit dem LF weit nach links und holt die Dame mit dem rechten Arm nach rechts. Das ist die erste von vielen **„Schiebetüren"**.	Sie geht bei „1" mit dem RF nach hinten, kreuzt bei „2" mit dem LF vor den RF und tritt bei „3" mit dem RF weit nach rechts, genau so wie der Herr führt. Achtung: dabei hinter dem Herrn bleiben, nicht neben ihn treten!	
	4	Stop	Stop	
4	5-6-7	Er geht bei „5" mit dem RF nach hinten, kreuzt bei „2" mit dem LF vor den RF und tritt bei „3" mit dem RF weit nach rechts.	Bei „5" geht sie mit dem LF nach hinten, bei „6" kreuzt sie mit dem RF nach links vor den LF, bei „7" tritt sie mit dem LF weit nach links.	
	8	Stop	Stop	
5	1...	Wie Takt 3	Wie Takt 3	
	4	Stop	Stop	
6	5...	Wie Takt 4	Wie Takt 4	
	8	Stop	Stop	
7	1-2-3	Die Füße wie beim Herrenschritt von Takt 3 beschrieben. Bei „2" die Dame etwas stärker an seine rechte Seite führen, dabei Handwechsel.	Wie Takt 3, also nach rechts bewegen. Die Führung bemerken und weit nach rechts an seine Seite laufen.	
	4	Stop. Nebeneinander, seine RH hält ihre LH.		
8	5-6-7	Füße wie Takt 4, die Dame vor sich vorbei an die eigene linke Seite führen. Dabei die Hände loslassen und, während sie vor ihm vorbei läuft, ihre RH mit der eigenen LH nehmen.	Am Herrn vorne vorbei nach links laufen, Schritte wie Takt 4. Nicht drehen!	
	8	Stop. Nebeneinander, seine LH hält ihre RH.		

T	S	Er	Sie	Pos.
9	1-2-3	Nun wieder der Herren-schritt von Takt 3 nach links, dabei die Dame hinter sich nach rechts führen mit Handwechsel, so dass seine RH ihre LH ergreift und das Paar dies-mal nebeneinander steht.	Hinter dem Herrn nach rechts laufen wie Takt 7.	
	4	Stop. Nebeneinander, seine RH hält ihre LH.		
10	5-6-7	Selbst am Platz tanzen, dabei der Dame mit der RH Schwung geben und loslassen, so dass sie eine schnelle $1^1/_2$-fache Links-drehung macht, die die Dame wieder vor den Herrn bringt. Da das bei den Damen mit der Drehung und gleichzeit-igen Bewegung im Raum nur selten funktioniert, kann der Herr auch etwas nach rechts drehen und so in die Grundstellung kommen.	Spüren, dass der Herr Schwung für eine schnelle Linksdrehung gibt und in einer $1^1/_2$-fachen Links-drehung vor ihm laufen.	
	8	www.salsa-kompendium.de		

Wenn diese Figur nicht im rechten Winkel zu den Wänden des Tanzsaales endet, wieder entsprechend korrigieren.

Selbstverständlich kann der Herr hier entscheiden, wie oft er die Dame hinter seinem Rücken hin- und her wechseln lassen möchte. Auch kann er sie mehrfach vor- und hinter sich herlaufen lassen. Das geht allerdings nur bei führungssensitiven Damen mit guter Körperspannung.

131

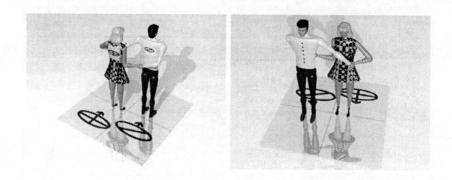

Bild 7.24: *Der Beginn des Schiebetürenschranks wie in Takt 2 erreicht*

43. Figur: Rechtskreisel des Paares

Übersicht für den führenden Herrn:

Ein CBL in halboffene Tanzhaltung, dann mit einem Open Break eng an die Dame gehen und gemeinsam rechts herum mit dem Kreiseln beginnen, er hinterkreuzt. Das Paar ist extrem eng aneinander geschmiegt, Beine gleiten jeweils zwischen den Beinen des Partners durch und bewegen sich kaum. Heraus durch Beenden der Kreisbewegung und CBL.

Unterrichtszeit Tanzschule	30 min
Erstmaliges Lernen im Selbststudium	45 min

Wiederholung	15 min
Konzentriertes Lesen	10 min

Anhaltswerte für erforderliche Übungszeiten

Aus dem normalen Grundschritt einen CBL beginnen und in halboffene Tanzhaltung gehen, bei der seine LH ihre RH hält und die anderen Hände frei sind.

T	S	Er	Sie	Pos.
1	1-2-3	Open Break, bei „3" in enge Tanzhaltung gehen, etwas nach links versetzt.	GS	
	4	Stop	Stop	

T	S	Er	Sie	Pos.
2	5-6-7	Etwas in die Knie gehen und in dieser Höhe bleiben. Bei „5" mit dem rechten Fuß hinter den LF hinterkreuzen, bei „6-7" weiter im Kreis drehen. Das Paar kreist schnell um eine gemeinsame, vertikale Drehachse, die, als Denk-hilfe, in der Mitte des Paares im Boden der Tanzfläche montiert ist. Takt 2 ist also eine volle, gemeinsame Rechts-drehung in enger Grund-haltung.	Etwas in die Knie gehen und tief bleiben. Bei „5-6-7" gemeinsam mit ihm rechts herum drehen, die Füße dabei nebeneinander setzen - also nicht hinterkreuzen.	
	8	Stop	Stop	
3	1...	Beginn eines CBL	Beginn eines CBL	
	4	Stop	Stop	
4	5...	Abschluss des CBL	Abschluss des CBL	
	8	www.salsa-kompendium.de		

Mögliche Variationen:

Takt 4 kann so ausgeführt werden, dass der folgende Schlag 1 wieder ein Open Break wird, dem ein weiterer Kreisel folgt.

Die Kreiselbewegung kann auch mehrfach erfolgen. Bei Takt 3 würde also weiter rechts herum gekreiselt. Bei dieser Variante hinterkreuzt sie auf den 1er Schlägen (!), er auf den 5er Schlägen. Sonst die Füße nebeneinander, so verführerisch auch andere Fußbewegungen sind. Wichtig hierbei: das Paar muss äußerst eng zusammenbleiben mit den Becken – dann kann eine beachtliche Drehgeschwindigkeit bei absoluter Stabilität erreicht werden, bei der die langen Haare der Dame fast horizontal nach außen fliegen. Die Sache hört spätestens dann auf, wenn es einem der beiden schummrig wird.

Für den Showtanz wäre eine Einleitung dieser Drehung wie folgt denkbar: nach einem CBL führt er sie von sich weg und hält sie nur mit der eigenen LH an ihrer RH. Beim folgenden „1" hinterkreuzen beide mit dem freien Fuß und nehmen den freien Arm hoch. Bei „2-3" tritt er dann nah an die Dame heran und nimmt sie in enge Tanzhaltung, um dann bei „5" mit dem Paarkreisel zu beginnen. Diese Einleitung kann allerdings nur mit mündlichem Führungssignal oder einem vereinbarten Drucksignal der Hand des Herrn an Ihrem Körper erfolgreich verwendet werden. Anders kann sie nicht wissen, was kommt.

44. Figur: Cola

<u>Übersicht für den führenden Herrn</u>:

Diese Figur ist nichts für Anfänger oder Halbmotivierte, einige Bewegungsabläufe sind ungewohnt und bedürfen heftiger Übung. Aus dem GS in parallele Doppelhandhaltung gehen. Dann die Händepaare zwischen dem Paar hochnehmen, nach unten führen, die Hände der Dame loslassen und beide Hände an ihre Hüfte nehmen. Das ist das Führungssignal für diese Figur, die Dame wird die Hände in weitem Bogen in die Kerzenhaltung nehmen.

Dame in Linksdrehung rechts hinter sich laufen lassen, hinter dem eigenen Rücken vorbei und mit der RH an ihrer linken Hüfte auffangen. Mit der RH die Dame in $1^1/_2$ Linksdrehungen vor sich bringen. Sie steht nun mit ihrem Rücken an seine Brust angeschmiegt. Sie mit RF bei „1" nach links vorn und ihn ansehen, denn in $1^1/_2$ Rechtsdrehungen wieder in normale Grundhaltung vor ihn.

Unterrichtszeit Tanzschule	60 min	Wiederholung	30 min
Erstmaliges Lernen im Selbststudium	90 min	Konzentriertes Lesen	20 min

Anhaltswerte für erforderliche Übungszeiten

Aus dem GS einen CBL und dabei in parallele Doppelhandhaltung gehen. Dann wie folgt weiter:

T	S	Er	Sie	Pos.
1	1-2-3	GS, Händepaare hoch.	GS	
	4	Stop	Stop	
2	5-6-7	GS, dabei die Hände der Dame nach unten in einem weichen Bogen nach außen führen. Auf Hüfthöhe die Hände der Dame loslassen. Dicht an der Dame bleiben!	GS, den Schwung dazu nutzen, die Hände/Arme in großem Bogen nach oben über den eigenen Kopf senkrecht in die Position der **Kerze** zu nehmen.	
	8	Stop. Nur wenn die Dame die Arme wirklich senkrecht hält, kann der Mann sicher unverletzt bleiben.		

T	S	Er	Sie	Pos.
3	1-2-3	Dicht an die Dame heran, auf ihre Verführungen reagieren. Die LH an ihre rechte Hüfte, RH an ihre linke Hüfte und als Schritt den Anfang eines CBL.	Als Schritt den Anfang eines CBL, in Kerzenposition bleiben.	
	4	Stop. Als Tipp: wenn der Herr seine Hände an ihre Hüften legt, ist das für sie grundsätzlich immer das Signal, Kerzenposition einzunehmen.		
4	5-6-7	Als Schritte das Ende vom CBL, aber nicht weiterdrehen. Sie dabei mit der LH durch eine schnelle Linksdrehung führen und die Hand dabei in Hüfthöhe an ihrem Körper „laufen" lassen. Den rechten Arm dabei nach rechts gerade zur Seite abstrecken.	Sie macht eine gelaufene $1^{1}/_{4}$-fache-Linksdrehung, die sie in diesem Takt vor ihm vorbei an seine linke Seite bringt, Rücken an Rücken, leicht seitlich versetzt. Während der Linksdrehung hat sie beide Arme senkrecht nach oben gestreckt.	
	8	Stop. Sie steht nun (aus seiner Sicht) links von seiner linken Schulter, nach hinten versetzt. Beide blicken in einander entgegengesetzte Richtungen im Raum.		
5	1-2-3	Minimal nach links, so dass die Dame danach neben seiner rechten Schulter auskommt, leicht nach hinten versetzt. Die Dame zunächst bei „1-2" mit der LH an ihrer Hüfte hinter dem eigenen Rücken halten. Bei „3" dann die eigene RH an ihre linke Hüfte.	Seitlich am Platz, vielleicht minimal (!) aus ihrer Sicht nach links an seinem Rücken vorbei versetzen. Nicht drehen!	
	4	Stop. Sie steht nun (aus seiner Sicht) rechts von seiner rechten Schulter, nach hinten versetzt. Beide blicken in einander entgegengesetzte Richtungen im Raum. Seine RH liegt an ihrer linken Hüfte.		

T	S	Er	Sie	Pos.
6	5-6-7	Selbst am Platz, der Dame mit der RH Schwung geben für eine schnelle Linksdrehung, die die Dame dicht angeschmiegt vor ihn bringt. Seine RH liegt an ihrer rechten Hüfte. Die LH so an Ihre linke Schulter legen, dass der Handballen hinten an ihrer Schulter liegt, die Finger vorn.	Weiterhin in Kerzenposition in $1^1/_2$ schnellen Linksdrehungen vor ihn laufen, so dass sie ihm ihren Rücken zuwendet.	
	8	Stop	Stop	
7	1-2-3	Mit dem LF hinter den RF hinterkreuzen, die Dame mit der LH etwas zu sich herumziehen, so dass das Paar sich in die Augen schauen kann.	Mit dem RF bei „1" nach vorn links kreuzen, den Kopf nach links und dem Herrn tief in die Augen schauen, bei „2-3" wieder zurück.	
	4	Stop	Stop	
8	5-6-7	Mit beiden Händen der Dame Schwung für ihre $1^1/_2$ schnellen Rechtsdrehungen geben, mit dem rechten Arm die Dame dabei ggf. stabilisieren. Die Dame so führen, dass etwas Platz zwischen dem Paar entsteht für die eigene Drehung. Selbst bei „5" mit dem RF einen engen Rechtskreis hinten um den LF durchführen, bei „6-7" den so eingeleiteten Solo-Rechtskreisel abschließen.	Mit senkrecht erhobenen Armen $1^1/_2$ schnelle Rechtsdrehungen durchführen.	
	8	Stop. Das Paar steht nun wieder voreinander, je dichter, desto besser. Sie kann während der Pause bereits damit beginnen, ihre Arme verführerisch an sich herunterzuführen.		

T	S	Er	Sie	Pos.
9	1-2-3	Falls noch zuviel Platz zwischen den beiden ist, den Platz schließen, in Grundhaltung gehen und einen abschließenden CBL beginnen, der das Paar um eine dreiviertel Drehung links herum führen soll.	Die Arme abschließend herunternehmen und in CBL-Anfangshaltung gehen.	
	4	Stop	Stop	
10	5...	CBL-Abschluss	CBL-Abschluss	
	8	www.salsa-kompendium.de		

Danach GS oder etwas anderes nach Belieben.

Bild 7.25: *Die „Kerze" der Dame. Führungssignal für das senkrechte Hochnehmen beispielsweise der RH der Dame ist eine Hand des Herrn, angelegt an ihrer rechten Hüfte oder Taille. Legt der Herr beide Hände an ihre Taille, dann nimmt sie beide Hände hoch*

Meist folgt eine schnelle Drehung der Dame um sich selbst, währenddderer der Herr eng bleibt, um ihr Stabilität zu geben. Lässt sie bei den Drehungen ihre Arme herunterhängen, gehen ihre Ellenbogen also nach außen, kann sie ihm erfahrungsgemäß Zähne ausschlagen und bestimmt auch die Nase brechen. Also: immer wirklich senkrecht hochhalten. Erfahrene Herren gehen bei weniger verlässlichen Damen meist in das Hohlkreuz, was mit Rückenschmerzen enden kann.

45. Figur: Zieh den Kopf aus der Schlinge!

Eine nette Figur für den fähigen Herrn, der eine weniger fähige Dame beeindrucken möchte! Außerdem die Lösung für eines der bekanntesten Probleme des Herrn: sich zuerst aus purer Dummheit selbst die Schlinge um den Hals legen und dann doch noch unbeschadet wieder herauskommen! Gar nicht so einfach, und so ist es auch hier.

Übersicht für den führenden Herrn:

In parallele Doppelhandhaltung, bei „5-6-7" in Linksdrehung vor die Dame laufen und sich dabei selbst in ein weites Körbchen für ihn nehmen. Bei „1-2-3" dann den Oberkörper nach vorn abklappen und an ihrer rechten Schulter gebückt nach hinten laufen, die Hände über den eigenen Kopf laufen lassen und so dem Knoten wieder entkommen. Dame in Rechtsdrehungen herausführen.

Unterrichtszeit Tanzschule	30 min	Wiederholung	15 min
Erstmaliges Lernen im Selbststudium	45 min	Konzentriertes Lesen	10 min

Anhaltswerte für erforderliche Übungszeiten

Es geht los aus dem normalen GS in einen CBL:

T	S	Er	Sie	Pos.
1	1...	CBL	CBL	
	4	Stop	Stop	
2	5-6-7	Ende des CBL, dabei in eine parallele Doppel-handhaltung gehen.	CBL-Ende	
	8	Stop	Stop	
3	1...	GS am Platz	GS am Platz	
	4	Stop	Stop	

T	S	Er	Sie	Pos.
4	5-6-7	Bei „5" mit dem RF mit kleiner Schrittweite nach hinten treten, dabei den rechten Unterarm vor den eigenen Kopf heben, die Hand der Dame dabei weiterhin halten. Bei „6-7" dann unter den hoch gehaltenen Händen ein halbe Linksdrehung durchführen und so vor der Dame herauskommen. Die Arme sind vor dem eigenen Körper gekreuzt und halten weiterhin die Hände der Dame: ein weites Körbchen für ihn.	GS am Platz- nicht drehen!	
	8	Stop	Stop	
5	1-2-3	Bei „1" den Oberkörper 90° nach vorn klappen, die Arme zunächst vor dem Körper lassen. Bei „1" zugleich mit dem LF nach hinten treten. Bei „2-3" dann weiter nach hinten treten, mit dem tief gehaltenen Kopf unter den Armen nach hinten heraus und aufrichten.	GS am Platz, nicht drehen!	
	4	Stop	Stop	
6	5-6-7	Die Dame durch zwei Rechtsdrehungen führen. Dame stoppen, falls sie zu weit drehen will. Während dieses Taktes 6 werden alle Hände gehalten. Nicht loslassen! Selbst an ihre linke Schulter laufen.	2 Rechtsdrehungen - alle Hände bleiben gehalten, der Herr führt die Hände über ihren Kopf.	
	8	Stop. Das Paar steht nun nebeneinander, sein rechter Unterarm ruht auf ihrer rechten Schulter. Sein linker und ihr rechter Arm sind nach vorne abgestreckt. Seine RH hält ihre LH vor ihrer rechten Schulter.		

T	S	Er	Sie	Pos.
7	1-2-3	Die Dame durch eine ¾ Rechtsdrehung führen. Dabei mit eigenem rechten Arm ihre LH über den eigenen Kopf an den eigenen Nacken führen und loslassen.	Eine ¾ Rechtsdrehung.	
	4	Stop. Nun steht das Paar so da, als ob es bei Takt 7 einen normalen CBL angefangen hätte.		
8	5...	Ende des CBL	Ende des CBL	
	8	www.salsa-kompendium.de		

46. Figur: Bigaboo

Übersicht für den führenden Herrn:

In gekreuzte Doppelhandhaltung mit den LH oben gehen. Selbst einen Open Break, die Dame dabei mit dem rechten Arm in einer halben Linksdrehung an seine rechte Seite bringen, beide schauen in die gleiche Richtung. Beim folgenden Takt die Dame in $1^1/_2$ Linksdrehungen herausführen.

Unterrichtszeit Tanzschule	30 min		Wiederholung	15 min
Erstmaliges Lernen im Selbststudium	50 min		Konzentriertes Lesen	10 min

Anhaltswerte für erforderliche Übungszeiten

Namensgeber ist ein Kinder-Versteckspiel, bei dem das suchende Kind „Bigaboo" ruft, wenn es einen der Gruppe gefunden hat. Das entdeckte Kind muss nun die Suche nach dem nächsten Kind fortführen, Sucher und Gefundener wechseln ihre Ausrichtung. Ähnliches passiert auch bei dieser Position, die ein wichtiges Tanzelement für fortgeschrittene, sportliche Tänzer darstellt. In gekreuzte Doppelhandhaltung gehen mit den LH oben.

T	S	Er	Sie	Pos.
1	1-2-3	Selbst einen Open Break und bei „3" die Dame mit der RH in einer halben Linksdrehung an seine rechte Seite bringen.	Sie macht bei „3" eine schnelle halbe Linksdrehung und stoppt aus eigener Kraft nach genau der halben Drehung. Diese Bewegung ist äußerst schnell in Start, Bewegung und Stop. Ohne gute Körperspannung wird sie zu spät auskommen und nicht richtig gespannt Stehen!	
	4	Stop. Beide schauen in die Richtung aus der heraus er die Figur begonnen hat. Ihr rechter Arm ist dabei nach unten gebeugt und liegt hinter ihrem Rücken. Seine RH fasst ihre RH an ihrer rechten Taille, seine LH hält ihre LH, je nach folgender Figur vor seinen untersten Rippenbogen oder hoch auf Kinnhöhe. Ihr LF steht nur auf der Spitze, das Knie ist etwas nach vorn gebeugt. Diese **Bigaboo** genannte Position ist stark mit Körperspannung verbunden, da danach meist schnelle Bewegungen mit einem schnellen Start folgen.		
2	5-6-7	Selbst am Platz, die eigene RH von der LH der Dame lösen und mit der RH an ihrer rechten Hüfte unterstützend, sie mit der eigenen LH durch $1^1/_2$ Linksdrehungen führen.	Die geführten $1^1/_2$ Linksdrehungen durchführen. Nicht zu früh starten.	
	8	**www.salsa-kompendium.de**		

Bild 7.26: *Bigaboo - eine sehr spannungsgeladene Position, ideal für einen schnellen Start*

Es gibt übrigens auch deutlich abweichende Schreibweisen und Interpretationen für den Namen dieser Figur, die ich an dieser Stelle jedoch unerwähnt lassen möchte.

47. Figur: Gelaufener Bigaboo

Diese Figur ist nicht ganz einfach, sie mag sogar am Anfang fast unmöglich wirken, sie verlangt der Dame einiges an Reaktionsvermögen in Bezug auf das Führungssignal ab.

<u>Übersicht für den führenden Herrn:</u>

Zuerst in die Bigaboo-Position, dann geht es sofort weiter, und zwar immer in die Raumrichtung, in die das Paar im Bigaboo blickt: er drückt sie an ihrer rechten Hüfte in $1^1/_2$ gelaufenen Linksdrehungen und läuft selbst nebenher. Da sollte das Paar 2 bis 3 Meter schaffen! Dann heraus mit CBL und Grundschritt.

Unterrichtszeit Tanzschule	60 min	Wiederholung	30 min
Erstmaliges Lernen im Selbststudium	90 min	Konzentriertes Lesen	15 min

Anhaltswerte für erforderliche Übungszeiten

Das Paar geht, z. B. durch eine Damen-Rechtsdrehung mit Handwechsel, in eine offene Handhaltung, bei der seine RH ihre RH hält, LH sind frei.

T	S	Er	Sie	Pos.
1	1-2-3	Nun die Dame in einen Bigaboo führen. Er macht dazu einen Open Break und zieht sie dann mit seinem rechten Arm in eine halbe Linksdrehung, nach der sie an seiner rechten Seite steht. Ihr rechter Arm ist dabei nach unten gebogen und hinter ihrem Rücken. Seine RH hält ihre RH gefasst, seine LH hält ihre LH links oben. Seine Handfläche ist dabei ihm (!) zugewandt.	Sie macht bei „3" eine halbe Linksdrehung nach vorn an seine rechte Seite und hebt ihre LH nach vorn. Ihr LF steht nur auf der Spitze, ist dabei frei, das Knie ist etwas nach vorn gebeugt. Diese Position ist stark mit Körperspannung verbunden, da danach meist schnelle Bewegungen mit einem schnellen Start folgen.	
	4	Stop	Stop	

T	S	Er	Sie	Pos.
2	5-6-7	Bei „5" hinterkreuzt er den RF hinter den LF und drückt sie mit der RH nach vorn in ihre gelaufenen Links- drehungen, dabei leicht im Knie bleiben. Bei „6" mit dem LF einen großen Schritt nach vorn machen, die Dame dabei drehend mitnehmen. Bei „7" mit dem RF noch etwas weiter nach vorn und die Dame vor sich holen. Das Paar bewegt sich also im Laufe dieses Taktes ein gutes Stück vorwärts in die Blickrichtung nach Takt 1.	Bei „5" mit dem LF nach vorn treten, bei „6-7" in die gleiche Richtung weiterlaufen, aber mit 1^1/$_2$ gelaufenen Linksdrehungen, die sie auch vor ihn führen. Danach steht sie ihm gegenüber, die LH halten sich.	
	8	Stop. Das Paar steht sich gegenüber, die LH gehalten.		
3	1...	CBL mit Caricia	CBL	
	4	Stop	Stop	
4	5...	CBL	CBL	
	8	**www.salsa-kompendium.de**		

Wenn das nicht sofort geht, nicht verzagen! Diese Figur wird übrigens in der Folge „Cuba Libre" gegen Ende benötigt.

Alternativ kann er auch nach Takt 2 ihre RH mit der eigenen RH nehmen und so in gekreuzte Doppelhandhaltung gehen mit LH oben. Dann führt er ihre LH mit Caricia an seinen Nacken und legt ihr seine LH an ihre Nacken. Alle Hände abgleiten lassen - seine RH vorn an ihr herab und in Grundhaltung gehen. Das geht mit und ohne CBL.

Noch eine Alternative für den Abschluss ab Takt 2: er führt ihre LH an seinen Nacken und geht mit seiner RH an ihre rechte Hüfte. Er führt sie dann während des abschließenden CBL noch durch einen Inside Turn - meine Lieblingslösung! Achtung für die Dame: gerade nach vorn laufen bei Schlag 5 von Takt 4, erst bei „6-7" drehen.

48. Figur: Roundabouts

<u>Übersicht für den führenden Herrn</u>:

In parallele Doppelhandhaltung gehen, die Dame durch eine halbe Linksdrehung führen und Handwechsel, so dass sich die RH halten. Vor die Dame laufen, die RH hinter den eigenen Nacken nehmen, mit der eigenen LH die freie Hand der Dame an der eigenen linken Hüfte positionieren. Dann dreht sich das Paar nebeneinander 2 Takte lang rechts herum, nun in die Sombrero-Position und mit CBL wieder heraus.

Unterrichtszeit Tanzschule	40 min	Wiederholung	20 min
Erstmaliges Lernen im Selbststudium	70 min	Konzentriertes Lesen	10 min

Anhaltswerte für erforderliche Übungszeiten

Aus dem GS in einen CBL, dabei in parallele Doppelhandhaltung gehen und wie folgt weiter:

T	S	Er	Sie	Pos.
1	1-2-3	Die Dame durch ihre halbe Linksdrehung führen, selbst links an ihr vorbeilaufen, dabei auf sie zugewendet bleiben und Handwechsel. Nun sind die LH frei, die RH halten sich, das Paar hat einen Platzwechsel rechts herum durchgeführt und steht einander gegenüber.	Halbe Linksdrehung	
	4	Stop	Stop	
2	5-6-7	In einer halben Linksdrehung an ihre rechte Seite laufen. Die gehaltenen RH hinter den eigenen Nacken nehmen, mit der eigenen LH die freie LH der Dame an der eigenen linken Hüfte nehmen.	Am Platz.	
	8	Stop	Stop	

144

T	S	Er	Sie	Pos.
3	1-2-3	In dieser Stellung dreht sich das Paar nun rechts herum, der Herr läuft 3 kleine Schritte rückwärts, die Dame vorwärts.		
	4	Stop	Stop	
4	5-6-7	Links herum auf die Dame zudrehen, die Dame dabei durch 2 Rechtsdrehungen mit allen Händen oben über ihren Kopf führen und in „Sombrero"-Position gehen.	2 Rechtsdrehungen	
	8	Stop	Stop	
5	1-2-3	CBL-Anfang, Hände lösen und in Grundhaltung.	CBL-Anfang, dabei den linken Arm unter seinem Arm hervorziehen.	
	4	Stop	Stop	
6	5...	CBL abschließen.		
	8	www.salsa-kompendium.de		

Selbstverständlich kann aus der Sombrero-Position auf die verschiedenen Arten herausgegangen werden, die in diesem Buch beschrieben sind. Er führt!

49. Figur: Enchúfala simple

In der deutschen Übersetzung „Nimm sie hinein, einfache Variante"

Übersicht für den führenden Herrn:

Eine Figur zum Entspannen zwischendurch, auch als Platzwechsel verwendbar. Selbst ¼ nach rechts, die Dame in einer ¼ Linksdrehung vor sich ziehen, dann jeder die Drehungen um ¼ weiterführen. Das Paar steht wieder in Grundstellung voreinander.

Unterrichtszeit Tanzschule	20 min	Wiederholung	15 min
Erstmaliges Lernen im Selbststudium	30 min	Konzentriertes Lesen	10 min

Anhaltswerte für erforderliche Übungszeiten

Als direkt aus Kuba importierte Figur ist sie recht gemütlich. Zuerst auf 1-2-3-stop-5-6-7-stop einen GS, dann wie folgt weiter:

T	S	Er	Sie	Pos.
1	1-2-3	Auf „1-2" einen „Open Break". Auf „3" mit dem LF nach vorne und zugleich ¼ Rechtsdrehung mit dem ganzen Körper. Dabei mit seiner LH Ihre RH hoch führen und sie in eine ¼ Linksdrehung führen. Mit seiner RH stoppt er ihre Drehung an ihrer rechten Hüfte. Hand dort liegen lassen.	Auf „1-2" den normalen GS. Auf „3" mit dem RF nach vorne und zugleich eine ¼ Drehung nach links. Ihre RH wird vom Herrn geführt über den Kopf der Dame, hin zu ihrer linken Hüfte.	
	4	Sie steht nun mit dem Rücken vor ihm. Stop!		
2	5-6-7	Bei „5" mit dem RF hinter dem LF vorbei treten und eine ¼ Rechtsdrehung mit dem Körper vollführen. Bei „6" den LF an den RF heranführen. Bei „7" nur einen Gewichtswechsel vom LF auf den RF durchführen, mit der Hüfte unterstützt. Der LF ist nun frei.	Bei „5" mit dem LF hinter dem RF vorbei treten, um ihn weiter herum und dabei zusätzlich eine ¼ Rechtsdrehung mit dem Körper vollführen. Bei „6" den RF an den LF heranführen. Bei „7" nur einen Gewichtswechsel, so dass danach der RF frei ist.	
	8	www.salsa-kompendium.de		

Das Paar steht sich nun wieder gegenüber. Als Alternative kann er sie natürlich auch, hüftgeführt in Takt 2, 1¹/₂ Rechtsdrehungen machen lassen und dabei selbst einen Hook-Turn (Rechtskreisel) durchführen.

50. Figur: Gib Ihr Zeit!

Diese Figur kann eingesetzt werden, wenn die Dame gerade grübelt, anderen Männern nachschauen möchte oder nach einer Figur wieder ihre Stabilität finden will und dazu etwas Zeit benötigt.

Übersicht für den führenden Herrn:

Bei „1-2" einen Open Break, dann Schritt nach vorn links. Er macht bei „5-6-7" eine volle Linksdrehung, sie schwingt dabei verführerisch die Hüften, ihr Schritt am Platz mit oder ohne Lady Style.

Unterrichtszeit Tanzschule	15 min	Wiederholung	5 min
Erstmaliges Lernen im Selbststudium	25 min	Konzentriertes Lesen	5 min

Anhaltswerte für erforderliche Übungszeiten

Aus einem GS wie folgt weiter:

T	S	Er	Sie	Pos.
1	1-2-3	Auf „1-2" einen Open Break. Auf „3" mit dem LF nach vorne, diesen nach links eindrehen und einen Handwechsel. Nun hält seine RH ihre RH.	Der normale GS, vielleicht mit Hüfte betont.	
	4	Stop!		
2	5-6-7	Bei „5-6-7" eine Linksdrehung, bei „7" erneut einen Handwechsel. Nun hält er mit seiner LH wieder ihre RH.	Sie tapt bei „5" mit dem LF seitlich heraus. Bei „7" wieder zurück in Grundstellung. Dieser Tap zur Seite wird durch eine Hüftbewegung elegant.	
	8	**www.salsa-kompendium.de**		

Das Paar steht sich nun wieder in normaler offener Grundposition gegenüber.

51. Figur: Ohne Namen

Auch wieder eine nicht ganz einfache Figur, aber inzwischen sind wir ja alle fit!

<u>Übersicht für den führenden Herrn:</u>

Die Dame in den Bigaboo nehmen, dann hinter ihr her, zurück und wieder hinlaufen, dabei selbst Kicks, die Dame zieht den freien Fuß an ihr Knie. Beim letzten Mal nach links den Arm vor die Dame nehmen und so in gekreuzte Doppelhandhaltung gehen mit den RH oben. CBL mit IT und in ein enges Körbchen für sie. Die Dame durch $1^1/_2$ Rechtsdrehungen führen, dabei die RH oben, die LH unten führen. CBL und in Schmetterling, dann die Dame mittels $1^1/_2$ schnelle Rechtsdrehungen herausführen. Mit CBL abschließen.

Unterrichtszeit Tanzschule	90 min		Wiederholung	45 min
Erstmaliges Lernen im Selbststudium	120 min		Konzentriertes Lesen	25 min

Anhaltswerte für erforderliche Übungszeiten

Aus der gekreuzten Doppelhandhaltung, die RH sind oben:

T	S	Er	Sie	Pos.
1	1...	GS am Platz.	GS am Platz.	
	4	Stop	Stop	
2	5-6-7	Sie in eine Rechtsdrehung führen, danach sind die LH oben.	Eine Rechtsdrehung.	
	8	Stop	Stop	
3	1-2-3	Selbst einen Open Break, die Dame dabei durch ihren Bigaboo führen.	Bigaboo, also bei „2-3" eine schnelle halbe Linksdrehung. Am Ende hat sie den LF nur mit der Fußspitze aufgesetzt und das linke Knie leicht gebeugt.	
	4	Kick mit dem RF nach vorn.	Sie zieht den LF an ihr rechtes Knie.	
4	5...	Hinter ihr an ihre rechte Seite laufen.	Kleinste Schritte nach links.	
	8	Kick mit LF nach vorn	Sie zieht den RF an ihr linkes Knie	
5	1...	Nach links	Kleinste Schritte nach rechts.	
	4	Kick	LF an Knie	
6	5...	Nach rechts	Kleinste Schritte n. links.	
	8	Kick	RF an Knie	
7	1-2-3	Er zieht den rechten Arm über ihren Kopf und lässt sie so links herum drehen. Selbst kleinste Schritte n. links und auf sie zudrehen.	Kleinste Schritte nach rechts, dabei links herum eindrehen, so wie er schließlich auch führt.	
	4	Stop. Das Paar steht sich gegenüber in gekreuzter Doppelhandhaltung, die RH sind oben.		

T	S	Er	Sie	Pos.
8	5...	Am Platz.	Am Platz	
	8	Stop	Stop	
9	1-2-3	Start zum CBL, die Hände bleiben gehalten.	Start CBL	
	4	Stop	Stop	
10	5-6-7	Dame durch einen IT in ein enges Körbchen für sie vor sich führen.	Inside Turn.	
	8	Stop	Stop	
11	1...	Am Platz	Am Platz	
	4	Stop, das Paar steht weiterhin im Körbchen.		
12	5-6-7	Dame in 1½ schnelle Rechtsdrehungen führen, die RH oben, die LH unten führen.	1½ Rechtsdrehungen, sehr schnell.	
	8	Stop. Das Paar ist nun einander zugewandt, ihr linker Arm ist an ihrem Rücken gehalten, ihre RH geht von hinten an ihren Nacken. Alle Hände sind gehalten.		
13	1-2-3	CBL, dabei die RH über den Kopf der Dame nach vorn führen.	CBL	
	4	Stop	Stop	
14	5...	In die Schmetterlingsposition.	Schmetterlingsposition.	
	8	Stop	Stop	
15	1...	Seitlich am Platz	Seitlich am Platz	
	4	Stop	Stop	
16	5-6-7	Die RH der Dame loslassen und sie mit den LH durch 1½ schnelle Rechtsdrehungen führen. Fixe Herren können bei „7" eine eigene schnelle Linksdrehung schaffen.	1½ schnelle Rechtsdrehungen durchführen.	
	8	Stop	Stop	

T	S	Er	Sie	Pos.
17	1-2-3	CBL, dabei ihre LH über den eigenen Kopf an den eigenen Nacken legen.	CBL	
	4	Stop	Stop	
18	5-6-7	Abschluss CBL und in Grundhaltung gehen.	Abschluss CBL	
	8	**www.salsa-kompendium.de**		

52. Figur: La Loca

Sie mögen Körbchen? Viele Körbchen? Dann ist diese Figur „Die Verrückte" die richtige Figur für Sie, auch wenn die Dame dabei vielleicht ein wenig verrückt wird, was ja aber auch Ziel der Übung sein kann.

Übersicht für den führenden Herrn:

In parallele Doppelhandhaltung gehen, die Dame mit der RH durch zwei schnelle Rechtsdrehungen führen und ihr dann beim CBL-Anfang die gehaltenen Hände an ihrer rechten Schulter vorbei um den Kopf legen. Dann selbst nach links eindrehen, so vor ihr ins Körbchen gehen und sie vor sich holen. Wieder zwei schnelle Damen-Rechtsdrehungen und Arm um ihren Kopf, mit IT oder Variante heraus.

Unterrichtszeit Tanzschule	60 min	Wiederholung	25 min
Erstmaliges Lernen im Selbststudium	120 min	Konzentriertes Lesen	15 min

Anhaltswerte für erforderliche Übungszeiten

In parallele Doppelhandhaltung gehen und wie folgt weiter:

T	S	Er	Sie	Pos.
1	1-2-3	Auf „1-2" normalen GS, bei „3" mit dem LF einen kleinen Schritt nach links, die Hände ein wenig nach rechts als Schwungsignal für die Dame.	GS.	
	4	Stop. Die Dame steht nun rechts versetzt vor ihm und damit in idealer Position, um sich beim kommenden Takt an seiner rechten Schulter einzurollen.		

T	S	Er	Sie	Pos.
2	5-6-7	Die Dame mit über dem Kopf der Dame geführter eigener RH durch 1¹/₂ Drehungen rechts herum führen. Dabei ihr ihren rechten Arm vor ihren Bauch legen und mit der LH loslassen. Während der Drehungen die eigene RH über die Dame gleiten lassen und gegen Ende ihre RH mit der LH nehmen und so in ein „weites Körbchen für sie" gehen.	1¹/₂ Rechtsdrehungen an seiner rechten Schulter durchführen - nicht vor ihn laufen! Spüren, dass er mit der Hand über den Körper der Dame gleitet, gegen Ende über ihren rechten Unterarm und die RH dem Herrn anbieten - dazu die RH mit der Handfläche nach außen, Daumen nach unten positionieren. Damit ist, wenn sie ausreichende Körperspannung hat, klar, dass nach 1¹/₂ Drehungen Schluss ist. Nicht weiterdrehen!	
	8	Stop. Die Dame steht nun rechts vom Herrn im „weiten Körbchen für sie", alle Hände sind gehalten.		
3	1-2-3	Am Platz, mit der eigenen LH die RH der Dame nach links oben führen, um ihr das Kommende anzuzeigen.	Am Platz.	
	4	Stop	Stop	
4	5-6-7	Selbst am Platz, dabei zunächst die Dame mit der über ihren Kopf geführten eigenen LH in einer ³/₄ Rechtsdrehung rechts hinter die eigene rechte Schulter bringen. Die LH über den eigenen rechten Unterarm führen und dann die RH hochnehmen, so dass ein Fensterchen „ventanita" entsteht.	In einer ³/₄ Rechtsdrehung rechts hinter seine rechte Schulter laufen.	
	8	Stop	Stop	

T	S	Er	Sie	Pos.
5	1-2-3	Mit der eigenen RH, die über den eigenen Kopf geführt wird (und so kurz in ein „weites Körbchen für ihn" führt) die Dame hinten um sich herum wieder vor sich führen, mit der LH loslassen, sobald es nicht mehr anders geht. Mit den Füßen bei „1" nach vorn, „2" einen großen Schritt nach rechts, bei „3" schließen. So kommt die Dame gut um den Herrn herum. Bei „3" mit der eigenen LH wieder ihre RH nehmen.	Hinten um den Herrn herum und wieder vor ihn laufen. Dabei zeigt während „1-2" ihre rechte Schulter genau zum Herrn, erst bei „3" dreht sie sich mit $1/4$ Rechtsdrehung auf ihn zu.	
	4	Stop. Das Paar steht nun wieder gerade voreinander in paralleler Doppelhandhaltung. Seine RH greift ihre LH von oben.		
6	5-6-7	Die Dame in das Körbchen aus Takt 2 führen.	Siehe Takt 2.	
	8	Stop	Stop	
7	1...	Am Platz.	Am Platz.	
	4	Stop	Stop	
8	5-6-7	Die Dame mit der eigenen LH an ihrer RH durch $1^1/_2$ Rechtsdrehungen führen und in Grundhaltung gehen. Mit der RH den Start unterstützen und loslassen, sobald es nicht mehr anders geht.	$1^1/_2$ Rechtsdrehungen.	
	8	**www.salsa-kompendium.de**		

Danach noch ein CBL, ein GS oder nach Belieben. Zu Takt 2: Gerne drehen die Damen zu weit, halten ihre RH unerreichbar und bieten dem Herrn auch sonstige Herausforderungen. Tipp für den Herrn wäre, die

Dame im Notfall 2-mal drehen zu lassen, in GS gehen und nach Absprache nochmals starten.

Eine sehr nette Alternative ist es, gegen Ende von Takt 5 ihre LH in die eigene LH zu wechseln, dann sie bei der folgenden „5" in einer halben Rechtsdrehung Spannung aufbauen lassen und dann bei „6-7" eine halbe oder $1^1/_2$ Linksdrehungen, bis sie wieder gerade vor ihm steht.

53. Figur: Pirouetta

<u>Übersicht für den führenden Herrn</u>:

Die Dame durch eine normale Rechtsdrehung führen, dann mit Open Break nach vorn links zu ihr und sie durch eine heimliche Damen(rechts)drehung führen. Dabei mit Hinterkreuzen des RF um sie herumlaufen. In einen Bigaboo, dann die Dame mit einer Linksdrehung heraus- und damit wieder vor sich holen. Selbst halbe Rechtsdrehung, die gefassten LH über den eigenen Kopf führen und die LH der Dame in die eigene RH. Dame dann mit leichtem Schwung wieder vor sich holen und abstoppen, so dass sie mit dem Rücken zum Herrn steht. Dann mit der eigenen RH durch zwei schnelle Rechtsdrehungen führen und mit einer Caricia, einer Streicheleinheit in einen abschließenden CBL. Alles klar?

Unterrichtszeit Tanzschule	70 min	Wiederholung	50 min
Erstmaliges Lernen im Selbststudium	140 min	Konzentriertes Lesen	30 min

Anhaltswerte für erforderliche Übungszeiten

Also, aus dem normalen GS mit einem CBL in parallele Doppelhandhaltung, dann wie folgt weiter:

T	S	Er	Sie	Pos.
1	1-2-3	Open Break, linken Arm heben als Führungssignal, ihre LH loslassen.	GS	
	4	Stop	Stop	
2	5-6-7	GS, die Dame durch die Rechtsdrehung führen.	Rechtsdrehung	
	8	Stop	Stop	

T	S	Er	Sie	Pos.
3	1-2-3	Bei „1" einen Open Break, dann bei „2-3" nach vorn links dicht an die Dame tanzen, dabei ihre RH mit der eigenen LH hinter ihrem Rücken auf Taillenhöhe führen und Handwechsel vornehmen: die RH der Dame mit der eigenen RH hinter ihrem Rücken nehmen. Wie beim „heimlichen Damensolo". Dann noch die eigene LH auf ihre rechte Schulter legen.	GS, die Sache mit sich machen lassen. Nicht drehen!	
	4	Stop	Stop	
4	5-6-7	Nun sowohl die Dame mit dem eigenen rechten Arm durch 1^1/$_2$ Drehungen rechts herum führen, dabei selbst langsam einen Platzwechsel rechts herum um die Dame herum durchführen. Die Schritte des Herrn dabei wie folgt: bei „5" mit dem RF hinter den LF kreuzen, bei „6" mit dem LF weiter um die Dame herum, bei „7" den RF neben den LF und damit die halbe Drehung des Platzwechsels beenden. Wer kann und will, den LF bei „7" als Men-Style nach links ausstellen. Dicht bleiben!	Sie macht die 1^1/$_2$ Rechtsdrehungen, die der Herr führt.	
	8	Stop. Nun steht das Paar sich wieder gegenüber, die RH sind gefasst. Das Paar sollte hier nicht zu weit voneinander weg stehen.		

T	S	Er	Sie	Pos.
5	1-2-3	Einen Bigaboo führen. Die eigene LH der Dame gegen Ende in Kopfhöhe zum Ergreifen hinhalten. Die LH danach dort belassen.	Bigaboo, mit der eigenen LH die LH des Herrn greifen. Darauf achten, dass nach „3" das linke Knie angehoben ist und der LF elegant auf den Zehenspitzen steht. Der Bigaboo ist ein Element, das schnell genug getanzt werden sollte und mit großer Körperspannung (Bauchmuskeln...) endet.	
	4	Stop	Stop	
6	5-6-7	Selbst einen klein-schrittigen GS, dabei die Dame mit der RH an ihrer rechten Hüfte in die $1^1/_2$ Linksdrehungen füh-ren und loslassen, die LH unterstützt die Damen-drehung, bleibt gehalten und geht über ihren Kopf.	Die Körperspannung in rasante $1^1/_2$ Linksdrehungen lösen lassen.	
	8	Stop. Nun steht das Paar sich wieder gegenüber, die LH haben sich gefasst.		
7	1-2-3	Der Herr tritt bei „1" mit dem LF seitlich mit kleinem Schritt nach links und macht auf „2-3" eine gelaufene halbe Rechtsdrehung, so dass er leicht seitlich versetzt vor der Dame an ihrer linken Seite steht. Er führt währenddessen die LH über seinen Kopf und macht einen Handwechsel.	Am Platz.	
	4	Stop. Das Paar steht nun nebeneinander, er vor ihr, aus ihrer Sicht leicht nach links versetzt, er hält mit seiner RH ihre LH.		

T	S	Er	Sie	Pos.
8	5-6-7	Nun die Dame mit Schwung in einer Links-drehungen vor sich holen, so dass sie mit dem Rücken vor ihm steht.	Sie hebt ihren rechten Arm senkrecht nach oben und dreht sich vor ihm mit einer vollen Linksdrehung ein. Achtung: wenn ihr Arm nicht wirklich gerade nach oben gehalten wird, besteht für den Herrn ernsthafte Verletzungsgefahr!	
	8	Stop. Sie steht vor ihm und wendet ihm den Rücken zu. Ihr linker Arm ist vor ihrem Bauch entlang geführt, ihre LH wird an ihrer rechten Taille von seiner RH gehalten. Seine LH ist an ihrer linken Schulter. Ihr rechter Arm ist senkrecht nach oben gestreckt.		
9	1...	Am Platz	Am Platz	
	4	Stop	Stop	
10	5-6-7	Am Platz, dabei die Dame mit der RH durch $1^1/_2$ Drehungen rechts herum führen, so dass sie wieder in offener Grund-position vor ihm steht. Seine RH hält ihre LH.	Die $1^1/_2$ Drehungen rechts herum, dabei führt Sie ihren rechten Arm durch ihr Haar wieder nach unten.	
	8	Stop	Stop	
11	1-2-3	Beginn eines CBL, dabei den rechten Unterarm vor dem Kopf entlang führen, dann die RH mit ihrer LH über den eigenen Kopf an den Nacken legen.	GS bzw. CBL-Anfang.	
	4	Stop	Stop	
12	5...	CBL-Ende und in Grund-haltung gehen.	CBL-Ende	
	8	**www.salsa-kompendium.de**		

Wer als Paar besonders fit ist, kann Takt 6 auch nach vorn gelaufen durchgeführt werden. Dabei hinterkreuzt der Herr mit dem RF hinter seinen LF und läuft nach vorn, während er sie durch $1^1/_2$ gelaufene Linksdrehungen führt.

54. Figur: Cuba Libre

Nicht ganz einfach, stellt diese Figur doch an die Schnelligkeit und Präzision der Dame erheblichen Anspruch.

<u>Übersicht für den führenden Herrn</u>:

Open Break, dann die Dame mit der eigenen RH durch 2 schnelle Rechtsdrehungen führen und in gekreuzte Doppelhandhaltung mit den LH oben. Durch CBL in Schmetterling gehen. Dann drei Schmetterlingspromenaden und die Dame mit 2 schnellen Rechtsdrehungen wieder in Grundstellung vor sich bringen. Es folgt ein gelaufener Bigaboo mit hüftgeführtem IT.

Unterrichtszeit Tanzschule	90 min	Wiederholung	45 min
Erstmaliges Lernen im Selbststudium	120 min	Konzentriertes Lesen	30 min

Anhaltswerte für erforderliche Übungszeiten

In gekreuzte Doppelhandhaltung gehen, die RH sind oben und wie folgt weiter:

T	S	Er	Sie	Pos.
1	1-2-3	Open Break, gegen Ende die Hände hochführen.	GS, aber mit einer sehr kleinen Schrittweite, um die erforderliche Spannung aufbauen zu können.	
	4	Stop	Stop	
2	5-6-7	Selbst „am Platz" tanzen, dabei die Dame mit der RH durch 2 schnelle Rechtsdrehungen führen. Mit der LH kurz loslassen und gegen Ende wieder mit der eigenen LH die LH der Dame wieder nehmen.	Zwei schnelle Rechtsdrehungen machen.	
	8	Stop. Das Paar steht sich gegenüber in gekreuzter Doppelhandhaltung, nun sind aber die LH oben.		
3	1...	CBL-Anfang	CBL-Anfang	
	4	Stop	Stop	

T	S	Er	Sie	Pos.
4	5-6-7	CBL abschließen und in die Position „Schmetter-ling" gehen.	CBL abschließen und in die Position „Schmetter-ling" führen lassen.	
	8	Stop. Das Paar steht nun mit seitli. gestreckten Armen voreinander, sie vor ihm mit dem Rücken zu ihm.		
5	1-2-3	Er tritt „diagonal" mit dem LF bei „1" schräg hinter den RF und führt die Dame dabei mit großräumiger Armbewe-gung in eine halbe Linksdrehung und so in eine **Schmetterlings-promenade**. Bei „2" Gewichtswechsel, bei „3" zurück in Grundposition.	Sie tritt bei „1" mit dem RF links um den LF herum und macht so auch mit dem Körper eine halbe Linksdrehung, so dass sie ihm zugewendet ist. Bei „2" zurückdrehen in Schmetterlingsposition, bei „3" Gewichtswechsel der Füße und die Haltung stabilisieren.	
	4	Stop	Stop	
6	5-6-7	Nun geht es in die andere Richtung analog zu Takt 5.	Halbe Rechtsdrehung, ansonsten wie Takt 5.	
	8	Stop	Stop	
7	1...	Wie Takt 5	Wie Takt 5	
	4	Stop	Stop	
8	5-6-7	Am Platz, dabei die Dame mit der LH durch zwei schnelle Rechtsdrehungen führen. Mit der RH loslassen und ihr diese Hand bei „7" wieder hinhalten. Meist schafft die Dame es nicht, diese Hand zu nehmen. Dann versuchen, die RH der Dame aktiv zu greifen.	Zwei schnelle Rechtsdrehungen. Danach erkennen, dass der Herr ihr die RH hinhält und diese mit der eigenen RH nehmen. Oft fällt es der Dame schwer, diese Drehungen rechtzeitig abzuschließen, was hier jedoch besonders wichtig ist.	
	8	Stop. Das Paar steht sich nun gerade gegenüber in gekreuzter Doppelhandhaltung, die LH sind oben.		
9	1...	Bigaboo	Bigaboo	
	4	Stop. Er steht an ihrer linken Seite, leicht auf sie zugeneigt, beide blicken in die gleiche Richtung. In diese Richtung mit raumgreifenden Schritten weiter:		

T	S	Er	Sie	Pos.
10	5-6-7	Hier geht es weiter wie beim „gelaufenen Bigaoo": bei „5" kreuzt er mit dem RF hinten um den LF herum und drückt sie dabei mit der RH an ihrer rechten Hüfte etwas nach vorn in den Beginn eines IT. Die LH dabei stehen lassen, um ihre Drehung zu unterstützen. Bei „6" mit dem LF einen großen Schritt nach vorn, die Dame dabei weiter durch ihren IT führen. Bei „7" mit dem RF weiter nach vorn und die Dame durch den Abschluss ihres IT so führen, dass sie wieder gerade vor ihm steht.	Einen nach vorn gelaufenen IT tanzen. Dabei deutlich im Raum fortbewegen, immer eher vor dem Herrn sein als hinter ihm.	
	8	Stop. Das Paar steht sich nun wieder gerade gegenüber, die LH sind gehalten.		
11	1-2-3	CBL-Anfang, dabei mit der LH ihre LH an den eigenen Nacken führen, die eigene RH an ihre rechte Hüfte legen.	CBL Anfang. Die RH des Herrn liegt an ihrer Hüfte - er hält sie ihr also nicht hin, also auch nicht nehmen. Hand an Hüfte bedeutet: die freie Hand der Dame geht hoch!	
	4	Stop	Stop	
12	5-6-7	CBL-Ende, dabei die Dame mit der eigenen RH an ihrer Hüfte in einen IT führen. Bei „5" die RH locker auflegen, erst bei „6" den IT einleiten, wenn die Dame schon an ihm vorbei ist.	CBL mit IT. Darauf achten, dass es bei „5" gerade ohne zu drehen nach vorn geht. Eine locker aufgelegte Hand ist noch kein Signal zum Drehen!	
	8	**www.salsa-kompendium.de**		

Nun weiter im GS oder einer intelligenteren Alternative dazu.

Der Herr kann auf Takt 1 auch ein wenig Men-Style einbauen. Anstatt eines Open Break streckt er bei „1" seinen LF gerade und weit nach links ohne Gewicht ab auf die Zehenspitze (Fußinnenseite), lässt den Fuß bei „2" dort stehen und zieht ihn bei „3" wieder heran.

In Takt 2 ist es für den Anfang leichter, die Dame durch eine einfache Rechtsdrehung zu führen.

Als Alternative ab Takt 12 kann auch an den IT ein Faller angeschlossen werden.

Eine Vereinfachung wäre es, nach Takt 11 einen normalen, einfachen CBL durchzuführen und in Grundhaltung zu gehen.

55. Figur: La cubanita complicada

Diese Figur ist insbesondere für den Herrn „complicada", insbesondere was den Hook Turn angeht. Ein ziemliches Tempo ist angesagt bei zugleich einem großen Bedarf an Eigenstabilität. Da ist viel Übung angesagt und mal zur Abwechslung etwas Unterstützung durch die Dame.

Übersicht für den führenden Herrn:

In gekreuzte Doppelhandhaltung gehen, die LH oben. Dann die Dame bei "1-2-3" durch eine Linksdrehung führen, die Hände immer gefasst lassen. Dann sofort bei "5-6-7" selbst einen Rechtskreisel (oder Hook Turn) mit weiter über dem Kopf gehaltenen Händen, dann wieder die Dame usw. Zum Abschluss selbst einen Rechtskreisel, aber nur die erste Hand über den Kopf führen. Die zweite an den eigenen Nacken legen und bei "1-2-3" die Dame wieder in den GS nehmen.

Nicht irritieren lassen - die Drehungen sind ziemlich anders als bei der ursprünglichen Figur "La cubanita".

Unterrichtszeit Tanzschule	60 min	Wiederholung	20 min
Erstmaliges Lernen im Selbststudium	90 min	Konzentriertes Lesen	10 min

Anhaltswerte für erforderliche Übungszeiten

In gekreuzte Doppelhandhaltung gehen durch eine Damenrechtsdrehung bei „5-6-7" mit den LH oben und sofort weiter:

T	S	Er	Sie	Pos.
1	1-2-3	Bei „1" Open Break, dann die Dame durch einen Platzwechsel rechts herum an sich vorbeiführen. Dabei sie zusätzlich durch eine Linksdrehung führen, alle Hände gehalten lassen und über den Kopf der Dame führen. Selbst an ihrer rechten Schulter vorbei laufen und in einer halben Rechtsdrehung wieder zu ihr drehen.	Platzwechsel, an seiner rechten Schulter an ihm vorbei laufen und dabei bei „2-3" eine Linksdrehung.	
	4	Stop. Das Paar steht sich nun wieder gegenüber in gekreuzter Doppelhandhaltung mit den RH oben.		
2	5-6-7	Nun einen Rechtskreisel (Hook Turn): mit dem RF bei "5" hinter den LF treten, bei "6-7" eine schnelle Rechtsdrehung.	GS am Platz. Die Hände über den Kopf des Herrn halten und ihn dort stabilisieren.	
	8	Stop	Stop	
3	1...	Wie Takt 1	Wie Takt 1	
	4	Stop	Stop	
4	5...	Selbst wieder einen Rechtskreisel. Nun aber nur das erste Händepaar, die RH, über den eigenen Kopf führen, die danach folgenden LH an den eigenen Nacken. Er führt die RH vor ihren Bauch.	GS am Platz.	
	8	Stop	Stop	
5	1...	Mit einem CBL die Figur ausleiten. Dazu die Hände in Haltung des CBL-Start führen: die eigene RH an ihren Rücken, die LH am Nacken lösen und ihr an d. Körpermitte hinhalten.	CBL-Start. Mit der RH die dargebotene LH des Herrn nehmen, die LH von seinem Nacken auf seinen Oberarm führen.	
	4	Stop	Stop	

T	S	Er	Sie	Pos.
6	5...	CBL-Abschluss	CBL-Abschluss	
	8	**www.salsa-kompendium.de**		

Natürlich kann der Herr diese Drehungen so oft führen, wie er möchte.

56. Figur: Circles

Diese Figur erlaubt es dem Herrn, die Dame hemmungslos nicht nur anzuhimmeln, sondern diese seine unbedingte Zuneigung auch noch der gesamten Umgebung eindeutig zu vermitteln.

<u>Übersicht für den führenden Herrn:</u>

Die Dame bei "5-6-7" durch eine normale Rechtsdrehung führen, dabei selbst links an ihr vorbei laufen wie bei einem normalen Platzwechsel rechts herum (also anders herum als beim CBL). Nun dreht der Herr sich kontinuierlich rechts herum um die Dame und blickt sie dabei ständig an. Bei "1-2-3" dreht das Paar gemeinsam weiter und blickt sich an, während "5-6-7" dreht sich die Dame zusätzlich zur Paardrehung noch einmal rechts herum um sich selbst. Die Dame bleibt am gleichen Punkt im Raum, der Herr dreht sich um sie. Ausleiten durch Beginn des GS bei "1-2-3".

Unterrichtszeit Tanzschule	30 min
Erstmaliges Lernen im Selbststudium	45 min

Wiederholung	15 min
Konzentriertes Lesen	10 min

Anhaltswerte für erforderliche Übungszeiten

Aus dem GS heraus wie folgt weiter:

T	S	Er	Sie	Pos.
1	1-2-3	GS, bei "3" die LH als Führungssignal hoch-nehmen und an ihre rechte Seite vorlaufen.	GS	
	4	Stop	Stop	

T	S	Er	Sie	Pos.
2	5-6-7	Die Dame mit der LH durch 1¹/₂ Drehungen rechts herum führen. Dabei selbst links an ihr vorbei treten zu einem Platzwechsel rechts herum: bei "5" mit dem RF hinter dem LF vorbei nach vorn kreuzen, bei "6" mit dem LF weitertreten und bei "7" wieder mit dem RF vor den LF kreuzen und rechts herum auf die Dame zu drehen.	1¹/₂ Rechtsdrehungen, dabei genau an der gleichen Stelle auf der Tanzfäche bleiben und sich um sich selbst drehen.	
	8	Stop	Stop	
3	1-2-3	Um die Dame herumlaufen. Dazu bei "1" mit dem LF nach vorn links treten, bei "2" mit dem RF vor den LF kreuzen, bei "3" mit dem LF wieder vor. Die Führungshand unten lassen, damit die Dame nicht eine zusätzliche Drehung vermutet.	Ortsfest (!) bei kleinsten (!) Schritten mit Ausrichtung des Körpers auf den Herrn mitdrehen: bei „1" mit dem RF hinter den LF kreuzen, bei „2" den LF geradeziehen und Gewichtswechsel, bei „3" mit dem RF schließen.	
	4	Stop. Das Paar steht nun wieder gerade voreinander.		
4	5...	Wie Takt 2	Wie Takt 2	
	8	Stop	Stop	
5	1...	Wie Takt 3	Wie Takt 3	
	4	Stop	Stop	
6	5...	Wie Takt 2	Wie Takt 2	
	8	Stop	Stop	
7	1-2-3	Die Dame wieder in Grundhaltung und in einen CBL-Anfang führen.	CBL-Anfang.	
	4	Stop	Stop	

T	S	Er	Sie	Pos.
8	5...	CBL-Abschluss	CBL-Abschluss	
	8	www.salsa-kompendium.de		

Meine Damen: bei der eigenen Drehung wirklich am gleichen Platz stehen bleiben und die Füße immer dicht beeinander lassen. Große Ausfallschritte zerstören die Harmonie dieser Figur völlig - und er möchte Sie doch so gerne nett anhimmeln!

57. Figur: CBL mit IT für ihn

Ein normaler CBL, bei dem er zusätzlich eine elegante, volle Linksdrehung hinlegt. Eine schöne Figur, um eine Dame am Anfang ihrer tänzerischen Karriere zu beeindrucken. Mein Tipp: sagen Sie vorher, dass nun für die Dame ein ganz normaler CBL kommt, der ganz wie immer genau gegenüber endet.

<u>Übersicht für den führenden Herrn:</u>

In einem normalen CBL-Anfang den rechten Arm angewinkelt zwischen das Paar nehmen und auf „5-6-7" keine viertel Linksdrehung, sondern $1^1/_4$ Linksdrehungen.

Unterrichtszeit Tanzschule	30 min	Wiederholung	15 min
Erstmaliges Lernen im Selbststudium	45 min	Konzentriertes Lesen	10 min

Anhaltswerte für erforderliche Übungszeiten

Aus dem GS wie folgt weiter:

T	S	Er	Sie	Pos.
1	1-2-3	Er macht mit Körperausrichtung und Füßen den Start zu einem normalen CBL, nimmt aber seinen rechten Arm nach oben zwischen das Paar und legt sich ihre RH auf seinen Bauch.	GS am Platz, sieht seinen Arm hochkommen, seine CBL-Haltung und denkt sich: das wird für mich ein CBL!	
	4	Stop	Stop	

164

T	S	Er	Sie	Pos.
2	5-6-7	Nun $1^1/_4$ Linksdrehungen während "5-6-7", die Dame dabei bei „5" in den CBL-Abschluss hineinführen. Bei "6" die RH der Dame loslassen und die eigene LH hochnehmen. Bei "7" die Drehung abschließen, mit der LH über ihren Kopf gehen und die Dame wieder in Grundhaltung nehmen.	Normaler CBL-Abschluss, dabei mit der RH an seinem Körper in Taillenhöhe locker (!) entlanggleiten. Nicht zu weit drehen, sondern lediglich wie beim normalen CBL diesen in Bezug auf die Raumrichtung abschließen.	
	8	www.salsa-kompendium.de		

Tipp für die Dame: am Anfang „krallt" sie sich gerne mit der LH an seiner rechten Hüfte fest und wird zu weit herumgeschleudert. Deswegen bei Takt 2 die RH wirklich gleiten lassen. Für die Dame ist die ganze Sache nichts weiter als ein normaler CBL!

8. Positionen

Viele Figuren haben charakteristische Positionen, in die man oft auf unterschiedliche Weise hinein- und auch herauskommt. Wer diese Positionen kennt, erweitert seine Fähigkeiten zum gekonnten Improvisieren erheblich. Daher werden diese wichtigen Positionen in diesem Kapitel übersichtlich zusammengefasst.

8.1 Geschlossene Gegenüberstellungen

Bei diesen Gegenüberstellungen berühren alle Hände des Paares den Tanzpartner.

1. Position: Grundhaltung

Diese Haltung wird in vielen Tänzen verwendet und während des Grundkurses in der Tanzschule so vermittelt, wie sie für den jeweiligen Tanz oder Stil von der Schule als richtig angesehen wird. Sie kann ausgeführt werden

- mit Körperkontakt, z. B. an Hüften, und/oder Bauch und/oder Brust, oder

- ohne Körperkontakt, wie für Lateinamerikanische Tänze üblich.

Sie lernen diese Haltung im Grundkurs Ihrer Tanzschule.

2. Position: parallele Doppelhandhaltung

Dies ist eine geschlossene Gegenüberstellung, bei der seine LH ihre RH und seine RH ihre LH fasst.

Um in diese Position zu gelangen, kann er einen CBL tanzen und sie danach nicht in Tanzhaltung, sondern in ebendiese parallele Doppelhandhaltung nehmen.

3. Position: Gekreuzte Doppelhandhaltung mit den RH oben

Die RH und die LH halten sich in Gegenüberstellung gefasst, die RH sind oben.

So geht es aus dem GS hinein:

T	S	Er	Sie	Pos.
1	1-2-3	GS, bei „3" LH hoch, Handfläche an Handfläche als Führungssignal.	GS	
	4	Stop	Stop	

2	5-6-7	Selbst GS, Dame nun mit der LH an ihrer RH halten und sie rechts herum unter diesen beiden Händen eine volle Drehung durchführen lassen. Gegen Ende mit der eigenen RH ihre RH so nehmen, dass die RH oben sind und auch die LH unter den RH zusammenführen.	Damen-Rechtsdrehung, mit der LH seine dargebotene Hand nehmen.	
	8	Stop	Stop	

Das Paar steht sich nun gerade gegenüber, die Hände sind zwischen dem Paar gekreuzt. Seine LH fasst ihre LH, seine RH ihre RH. Die RH sind oben.

4. Position: Gekreuzte Doppelhandhaltung mit den LH oben

Die RH und die LH halten sich in Gegenüberstellung gefasst, die LH sind oben.

In den Takten 1 und 2 wird vorab in die Position der „gekreuzten Doppelhandhaltung mit den RH oben" geführt. Dann weiter wie folgt:

T	S	Er	Sie	Pos.
	8	Stop	Stop	
3	1-2-3	Bei „1" mit dem LF zurück, um etwas Abstand zu gewinnen, bei „2-3" wieder schließen (Open Break).	GS	
	4	Stop	Stop	

4	5-6-7	Selbst GS, Dame mit gehaltenen Händen durch Rechtsdrehung führen, Hände gehen über ihren Kopf. Danach ist das Paar in gekreuzter Doppel-handhaltung, linke Hände oben.	Damen-Rechtsdrehung.	
	8	Stop	Stop	

Das Paar steht sich nun gerade gegenüber, die Hände sind zwischen dem Paar gekreuzt. Seine LH fasst ihre LH, seine RH ihre RH. Die LH sind oben.

Aus den gekreuzten Doppelhandhaltungen kann problemlos während eines 1-2-3 in die jeweils andere gewechselt werden, indem man das untere Händepaar durch das obere hindurch nach oben zieht. Das obere Händepaar öffnet sich nur kurz während das untere Paar hindurchwandert und schließt sich sofort wieder. Für die Zuschauer sieht das fast wie ein kleiner Zaubertrick aus. Für die Tänzer bietet dies die Möglichkeit, in ein anderes Spektrum nachfolgender Figuren zu wechseln, da es mit diesem Wechsel möglich wird, ein Händepaar wahlweise nach oben zu bringen.

8.2 Halboffene Gegenüberstellungen

Hier ist lediglich eine Hand der Dame mit einer Hand des Herrn gefasst, das Paar steht mit etwas Abstand zueinander auf der Tanzfläche.

5. Position: Halboff. Gegenüberst. mit seiner LH an ihrer RH

Das Paar steht sich gerade gegenüber, seine LH fasst ihre RH. Seine RH und ihre LH sind frei.

6. Position: Halboff. Gegenüberst. mit seiner RH an ihrer LH

Das Paar steht sich gerade gegenüber, seine RH fasst ihre LH. Seine LH und ihre RH sind frei.

7. Position: Halboff. Gegenüberst. mit Shake der RH

Das Paar steht sich gerade gegenüber, seine RH fasst ihre RH im „Handshake". Seine LH und ihre LH sind frei.

8. Position: Halboff. Gegenüberst. mit Shake der LH

Das Paar steht sich gerade gegenüber, seine LH fasst ihre LH im „Handshake". Seine RH und ihre RH sind frei.

8.3 Offene Gegenüberstellung

Eine offene Gegenüberstellung ist dadurch gekennzeichnet, dass das Paar sich nicht berührt, aber in einiger Entfernung zueinander mit einer grundsätzlich aufeinander bezogenen Orientierung handelt. Oft tanzt die Dame die vom Herrn vorgegebenen Schritte, Figuren und Folgen um einen Takt nach hinten versetzt. Die offene Gegenüberstellung kann beispielsweise erreicht werden, indem der Herr beim Beenden eines CBL die Dame loslässt und sie ein wenig von sich wegschiebt. Diese Position nehmen wir als:

9. Position: Solo

8.4 Weitere Positionen

10. Position: Sombrero

Sowohl die RH als auch die LH halten sich hinter den Köpfen des Paares. Hinein geht es aus der gekreuzten Doppelhandhaltung, RH oben, mit $1^1/4$ Rechtsdrehungen der Dame und Legen der Arme über die Köpfe. Siehe ausführliche Beschreibung der Figur „Sombrero".

11. Position: Gespiegelter Sombrero

12. Position: Sombrero mit Untergriff

Aus dem Sombrero lässt der Herr die RH der Dame los und greift zwischen dem Paar nach vorn - sie erkennt dies und ergreift mit ihrer freien RH die dargebotene Hand des Herrn.

13. Position: Kerze

Senkrecht, meine Damen, sonst kann es für den Herrn schmerzhaft werden!

Wenn der Herr mit beiden Händen an ihre Hüften geht, ist das für Sie das Signal dazu, ihre beiden Arme so senkrecht wie möglich nach oben zu nehmen.

Meist folgt auf diese Position eine schnelle Drehung der Dame, die um so besser geht, je präziser die Arme senkrecht gehalten werden. Wenn sie dabei die Arme nicht wirklich sehr gerade hoch hält, verpasst sie ihm mit den gebeugten Ellenbogen dabei zusätzlich bisweilen noch einen Bruch des Nasenbeins oder doch wenigstens eine geplatzte Lippe. Der erfahrene Tänzer geht bei unklaren Situationen sicherheitshalber kurz in ein Hohlkreuz, um das Schlimmste zu vermeiden.

14. Position: Ventanita

Oder auch „Fensterchen". Hierzu gibt es eine ganze Anzahl von Varianten. Grundsätzlich bilden die Arme eine Öffnung, durch die das Paar sich anschaut.

172

Zum Üben am besten erst einmal ein normaler CBL, aus dem heraus in parallele Doppelhandhaltung geführt wird, die Handinnenfläche seiner RH zeigt zur Abwechslung aber nach oben, ihre LH klinkt von oben ein, wie immer locker abgewinkelt ohne ihn fest zu halten. Dann wie folgt weiter:

T	S	Er	Sie	Pos.
1	1-2-3	CBL-Schritte, dabei aber mit seinem rechten Unterarm vor seinem Gesicht entlangfahren und ihre LH über seinen Kopf führen und an seinen Nacken legen. Alle Hände sind bis hierher noch gehalten. Bei „3" dann die Nackenhand lösen und in Richtung auf ihre Taille rutschen lassen.	Sich führen lassen, im GS.	
	4	Stop	Stop	

Beim nun folgenden 5-6-7 die RH an ihre Taille und sie durch das normale Ende des CBL führen.

15. Position: Schmetterling, er vor ihr

Aus der gekreuzten Doppelhandhaltung mit den RH oben, auf 1-2-3 den Start eines CBL, dann weiter:

T	S	Er	Sie	Pos.
2	5-6-7	Sie durch eine volle Rechtsdrehung führen, dabei selbst bei „7" eine halbe Drehung nach links durchführen. Er steht jetzt vor ihr in Schmetterlingshaltung mit gestreckten Armen.	Volle Rechtsdrehung, sie steht nun gerade hinter ihm.	
	8	Stop	Stop	

Die Auflösung dieser Position ist nicht so ganz einfach, eine Möglichkeit wird in der Figur „kalte Schulter" gezeigt.

16. Position: Schmetterling, sie vor ihm

Diese Position sieht analog zum Schmetterling „er vor ihr" aus. Aus der Haltung mit gekreuzter Doppelhand, LH oben, auf 1-2-3 den Start eines CBL:

T	S	Er	Sie	Pos.
2	5-6-7	Die Dame in eine gelaufene Linksdrehung führen wie beim IT, die Hände über ihren Kopf führen. Im Unterschied zum IT steht sie danach mit dem Rücken zu ihm, ihre Blickrichtung ist die gleiche wie vor dem oben beschriebenen Start des CBL. Er führt während der Bewegung bei „6-7" die Hände so, dass diese seitlich weit abgestreckt gehalten werden. Seine RH hält ihre RH, seine LH hält ihre LH.	Sie lässt sich in die Schmetterlingsposition führen. Wichtig ist, dass sie in der Schmetterlings-position seine Hände nicht fest greift, sondern ihm Gelegenheit gibt, eine Hand loszulassen, um das Paar durch die nächsten Figuren zu führen.	
	8	Stop	Stop	

Beim darauffolgenden 1-2-3 wird oft am Platz getanzt, weil die nächste Drehung den 2. Takt (5-6-7) erfordert. Er kann hier ein wenig „Men-Style" einfließen lassen, indem er bei dieser „1" sein linkes Bein weit nach links abstreckt (ohne den Körper aus der Mitte heraus zu bewegen), dort lässt und bei „3" erst wieder heranzieht. Die Arme können dabei wie bei einem Schmetterling nach unten und wieder nach oben bewegt werden. Hiernach könnte er sie z.B. eine Damenrechtsdrehung tanzen lassen, mit der LH geführt.

17. Position: Körbchen

Die Körbchen werden auch „Schwitzkasten" genannt. Es kann in verschiedenen Formen ausgeführt werden, je nachdem, was der Herr als Folgefigur geplant hat.

Im Bild das „weite Körbchen für sie". Die Begriffe des „Körbchens" erklären sich wie folgt:

weit: Arme nur vor vorderem Partner gekreuzt

eng: Arme vor vorderem Partner und zwischen dem Paar nochmal gekreuzt

für sie: sie steht vor ihm, wendet ihm den Rücken zu

für ihn: er steht vor ihr und wendet ihr den Rücken zu

18. Position: Einstieg in die heimliche Damendrehung

Nach einem normalen CBL nimmt der Herr die RH der Dame hinter deren Rücken und übernimmt mit seiner RH. Dachach wäre eine Rechtsdrehung der Dame möglich.

19. Position: La Cruz

Hinein geht es aus der gekreuzten Doppelhandhaltung mit den RH oben durch eine Damen-Rechtsdrehung mit anschließendem Weiterdrehen der Körper.

20. Position: Handtuch

Siehe die gleichnamige Figur.

21. Position: Rautenstellung der Hände, RH oben

22. Position: Bigaboo

24. Position: Setenta (70)

So geht es hinein: Während „1-2-3" macht er einen „Open Break" und geht in parallele Doppelhandhaltung, den rechten Arm herunternehmen, die LH hoch. Sie bleibt im GS. Dann führt er die Dame mit der LH in eine volle Rechtsdrehung, dabei beide Hände weiter halten. Nach dieser Drehung schaut das Paar sich wieder im eingedrehten Zustand an, dies ist die Setenta (70)-Position.

25. Position: Schere nach vorn

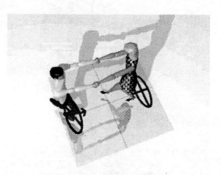

So geht es hinein: Aus dem GS einen CBL, dabei die Dame etwas von sich wegführen und in parallele Doppelhandhaltung gehen. Das Element geht nun so, dass das Paar im GS in paralleler Doppelhandhaltung tanzt, aber mit Kreuzen der Füße und Hin- und Herschieben der spannungsvoll gehaltenen Hände.

T	S	Er	Sie	Pos.
1	1-2-3	Bei „1" den LF vor den RF, bei „2" Gewicht zurückverlagern, bei „3" den LF wieder zurück neben den RF, leicht nach hinten versetzt. Dabei bei „1" die LH nach vorn, die rechte nach hinten, bei „3" wieder zurück.	Sie kreuzt gegengleich zu ihm. Bei „1" RF hinter den LF, bei „2" Gewichtsverlagerung, bei „3" zurück in Grundposition. Hände führen lassen.	
	4	Stop	Stop	

Wichtig bei der Schere ist die Körperspannung, die sich z. B. ausdrückt in aktiven Bauchmuskeln und leicht gebeugten Armen, die sich im Ellenbogengelenk nicht bewegen.

26. Position: Schere nach hinten

Wie „Schere, nach vorn", jedoch mit einen Kreuzen der Füße und Handbewegung in die jeweils andere Richtung. Für den Herrn also nach hinten.

27. Position: Lady Free

Die Dame hat die Bahn vor sich frei für ein dynamisches Vorlaufen - daher der Name. Nicht verwechseln mit einer der Bedeutungen des Wortes „free" im englischen, nämlich „kostenlos".

LH: Sie steht rechts hinter ihm, beide sind in die gleiche Richtung ausgerichtet. Er hält mit seiner RH ihre LH.

RH: Ausrichtung wie bei LH beschrieben, jedoch hält der Herr mit seiner RH die RH der Dame.

9. Elemente

Elemente sind zeitlich kurze Bewegungsabläufe, die sinnvollerweise nicht mehr in kleinere Einheiten unterteilt werden können und aus denen sich jeder Tanz aufbaut. Sie haben meist eine Dauer von nur einem einzigen Takt. Im Grundsatz könnte jede Bewegung, die auf einem einzelnen Takt unternommen wird und sich von anderen Bewegungen unterscheidet, als eigenes Element verstanden werden. Wichtige Elemente treten in in vielen Figuren und Folgen häufig auf und können so eigene Namen erhalten. Sie werden dort beispielsweise genutzt, um zwischen zwei Drehungen einen Takt „am Platz" zu tanzen, um danach für die folgende Drehung den richtigen Fuß frei zu haben. Solche Elemente sind auch Grundlage für die Entwicklung neuer Figuren und Folgen und dienen gewissermaßen als „Kitt" zwischen den für die Figuren charakteristischen Haltungen und Bewegungen. Elemente können aber auch beliebig komplexe Formen annehmen, der Phantasie sind keine Grenzen gesetzt.

Die Trennung zwischen Elementen, Figuren und Folgen ist durchaus nicht immer eindeutig. Tanztheoretiker mögen sich hier ähnlich streiten wie die Angehörigen verschiedener Nationalitäten bei der Historie der Tänze. Ich habe in diesem Kapitel einige Elemente herausgegriffen, um das Prinzip darzustellen und die Erfindung eigener Elemente und Figuren anzuregen. Natürlich freue ich mich auf Ideen, die Sie mir auf meiner Webseite schreiben können.

Voraussetzung für das Verständnis dieses Kapitels sind die Kapitel „Grundkurs", „Grundlagen" und „Positionen".

1. Element: Der auf Takt 1 getanzte Teil des GS

Das erste Element ist nichts anderes als der GS des „New York Style" auf Takt 1 aus dem Grundkurs. Das Paar steht sich in geschlossener Grundhaltung gegenüber, die Füße können parallel gesetzt sein.

T	S	Er	Sie	Pos.
1	1-2-3	Bei „1" den LF vor und dorthin Gewichtsverlagerung. Bei „2" Gewicht zurück auf den RF. Bei „3" den LF wieder zurück, vielleicht ein wenig hinter den RF ziehen und das Gewicht wieder auf den LF nehmen.	Bei „1" den RF zurück und dorthin Gewichtsverlagerung. Bei „2" Gewicht zurück auf den LF. Bei „3" den RF wieder zurück, ein wenig vor den LF ziehen und Gewicht auf RF nehmen.	
	4	Stop. Die Pause...das ist oft der schwierigste Teil.		

2. Element: Der auf Takt 2 getanzte Teil des GS

T	S	Er	Sie	Pos.
2	5-6-7	Bei „5" den RF zurück und dorthin Gewichtsverlagerung. Bei „6" Gewicht zurück auf den LF. Bei „7" den RF wieder zurück, ein wenig vor den LF ziehen, dabei Gewichtsverlagerung auf den RF.	Bei „5" den LF vor und dorthin Gewichtsverlagerung. Bei „6" Gewicht zurück auf den RF. Bei „7" den LF wieder zurück, ein wenig hinter den RF ziehen, dabei Gewichtsverlagerung auf den LF.	
	8	Stop	Stop	

Welcher der Grundschrittformen getanzt wird, ist durch die Takt-Nr. vorgegeben. Der Herr beginnt den Tanz mit Takt 1, was die weiteren Takte festlegt. Kleine Schritte ist hier der vielleicht wichtigste Tipp für dynamisches und elegantes Tanzen

3. Element: Am Platz auf Takt 1

Beide stehen voreinander, bisweilen auch sehr eng.

T	S	Er	Sie	Pos.
1	1-2-3	Es wird kein oder kaum ein Schritt sichtbar, die Füße sind und bleiben fast geschlossen und ohne Positionsänderung auf dem Boden. Es wird lediglich das Gewicht verlagert. Bei „1" auf den LF, bei „2" auf den RF, bei „3" auf den LF.	Es wird kein oder kaum ein Schritt sichtbar, die Füße sind und bleiben fast geschlossen. Es wird lediglich das Gewicht verlagert. Bei „1" auf den RF, bei „2" auf den LF, bei „3" auf den RF.	
	4	Die Pause kann mit der Hüfte betont werden!		

Die Oberkörper bleiben auf gleicher Höhe, die Tanzbewegung erfolgt dadurch in den Hüften.

4. Element: Am Platz auf Takt 2

Wie das Element „Am Platz" auf Takt 1, lediglich auf Takt 2:

T	S	Er	Sie	Pos.
2	5-6-7	Es wird kein Schritt sichtbar, die Füße sind und bleiben fast geschlossen. Es wird lediglich das Gewicht verlagert. Bei „5" auf den RF, bei „6" auf den LF, bei „7" auf den RF.	Es wird kein Schritt sichtbar, die Füße sind und bleiben fast geschlossen. Es wird lediglich das Gewicht verlagert. Bei „5" auf den LF, bei „6" auf den RF, bei „7" auf den LF.	
	8	Die Pause kann mit der Hüfte betont werden!		

Die Oberkörper bleiben auf gleicher Höhe, die Tanzbewegung erfolgt dadurch in den Hüften.

5. Element: Seitlich am Platz auf Takt 1

Das Paar steht z. B. nebeneinander, seine rechte Schulter an ihrer linken, beide schauen in die gleiche Richtung.

T	S	Er	Sie	Pos.
1	1-2-3	Bei „1" den LF nach links und dorthin Gewichtsverlagerung. Bei „2" Gewicht zurück auf den RF. Bei „3" den LF wieder zurück, neben den RF ziehen, dabei Gewichtsverlagerung auf den LF.	Bei „1" den RF nach rechts und dorthin Gewichtsverlagerung. Bei „2" Gewicht zurück auf den LF. Bei „3" den RF wieder zurück, neben den LF ziehen, dabei Gewichtsverlagerung wieder auf den RF.	
	4	Stop	Stop	

Dieses Element kann auch hintereinander ausgeführt werden, auch seitlich versetzt. Wesentlich ist, dass beide in die gleiche Richtung schauen und die Schulterlinien der Partner zueinander parallel sind.

6. Element: Seitlich am Platz auf Takt 2

Dies ist nur möglich, wenn das Paar versetzt zueinander steht. Dabei kann er leicht links vor ihr oder leicht links hinter ihr oder ganz hinter/vor ihr stehen.

T	S	Er	Sie	Pos.
2	5-6-7	Bei „5" den RF nach rechts und dorthin Gewichtsverlagerung. Bei „2" Gewicht zurück auf den LF. Bei „3" den RF wieder zurück, neben den LF ziehen, dabei das Gewicht wieder auf den RF nehmen.	Bei „5" den LF nach links und dorthin Gewichtsverlagerung. Bei „6" Gewicht zurück auf den RF. Bei „7" den LF wieder zurück, neben den RF ziehen, dabei das Gewicht wieder auf den LF nehmen.	
	8	Stop	Stop	

7. Element: Diagonal auf Takt 1

Beide stehen meist in offener Grundhaltung voreinander.

T	S	Er	Sie	Pos.
1	1-2-3	Bei „1" den LF hinter den RF ziehen, die Körperausrichtung im Raum dabei aber nicht verändern. Bei „2" Gewichtsverlagerung auf den RF, bei „3" den LF wieder zurückziehen, dabei Gewichtsverlagerung auf den LF.	Bei „1" den RF hinter den LF ziehen, die Körperausrichtung im Raum dabei aber nicht verändern. Bei „2" Gewichtsverlagerung auf den LF, bei „3" den RF wieder zurückziehen, dabei Gewichtsverlagerung auf den RF.	
	4	Stop	Stop	

Kommentare wie beschrieben bei „Diagonal" im Anfängerkurs.

8. Element: Diagonal auf Takt 2

Beide stehen meist in offener Grundhaltung voreinander.

T	S	Er	Sie	Pos.
2	5-6-7	Bei „5" den RF hinter den LF, die Körperausrichtung im Raum dabei aber nicht verändern. Bei „6" Gewichtsverlagerung auf den LF, bei „7" den RF wieder zurückziehen, dabei Gewichtsverlagerung auf den RF.	Bei „5" den LF hinter den RF, die Körperausrichtung im Raum dabei aber nicht verändern. Bei „6" Gewichtsverlagerung auf den RF, bei „7" den LF wieder zurückziehen, dabei Gewichtsverlagerung auf den LF.	
	8	Stop	Stop	

Kommentare wie beschrieben bei „Diagonal" im Anfängerkurs.

9. Element: Full Promenade auf Takt 1

Beide stehen meist in offener Grundhaltung voreinander.

T	S	Er	Sie	Pos.
1	1-2-3	Bei „1" den LF hinter den RF ziehen und den Körper nach links eindrehen (RF bleibt gerade stehen). Bei „2" Gewichtsverlagerung auf den RF, bei „3" den LF wieder zurückziehen, dabei Gewichtsverlagerung auf den LF.	Bei „1" den RF hinter den LF ziehen und nach rechts eindrehen (LF bleibt gerade stehen). Bei „2" Gewichtsverlagerung auf den LF, bei „3" den RF wieder zurückziehen, dabei Gewichtsverlagerung auf den RF.	
	4	Stop	Stop	

Eine ausführlichere Beschreibung ist im Kapitel zum Anfängerkurs beschrieben. Variante für Fortgeschrittene: die Fersen-Taps! Bei „1" wird nicht nur der jeweilige Fuß nach hinten genommen, sondern gegen Ende des 1. Schlages auch der andere Fuß auf die Ferse gestellt in einer gleichzeitigen Bewegung beider Füße. Dabei mit dem Oberkörper auf gleicher Höhe bleiben. Das ist schriftlich schwer zu vermitteln, sieht aber klasse aus!

10. Element: Full Promenade auf Takt 2

Beide stehen meist in offener Grundhaltung voreinander.

T	S	Er	Sie	Pos.
2	5-6-7	Bei „5" den RF hinter den LF ziehen und nach rechts eindrehen (LF bleibt gerade stehen). Bei „6" Gewichtsverlagerung auf den LF, bei „7" den RF wieder zurückziehen, dabei Gewichtsverlagerung auf den RF.	Bei „5" den LF hinter den RF ziehen und nach links eindrehen (RF bleibt gerade stehen). Bei „6" Gewichtsverlagerung auf den RF, bei „7" den LF wieder zurückziehen, dabei Gewichtsverlagerung auf den LF.	
	8	Stop	Stop	

11. Element: Damenrechtsdrehung auf Takt 2

Siehe Grundkurs.

12. Element: Damenlinksdrehung auf Takt 1

Diese Linksdrehung ist aus dem GS kaum sinnvoll tanzbar, kann jedoch Element von Figuren und Folgen sein.

T	S	Er	Sie	Pos.
1	1-2-3	Normaler GS, er führt sie .	Linksdrehung. Sie tanzt nun eine Linksdrehung, indem sie bei „1" ihren RF leicht nach hinten bewegt und das Gewicht auf den RF verlagert. Bei „2" auf dem linken Fußballen dreht und das Gewicht auf den LF verlagert, bei „3" wird der RF herangezogen und das Gewicht auf den RF verlagert.	
	4	Stop	Stop	

13. Element: Damenlinksdrehung auf Takt 2

Er baut bei „5" durch Andrehen der Dame nach rechts Spannung im Körper der Dame auf und dreht sie dann bei „6-7" durch eine Linksdrehung.

14. Element: Herrenlinksdrehung auf Takt 2

Aus dem GS heraus geht er bei Takt 1 in die offene Handhaltung und beginnt seine Linksdrehung wie folgt:

T	S	Er	Sie	Pos.
2	5-6-7	Er tanzt eine Linksdrehung, indem er bei „5" seinen RF leicht nach hinten bewegt und das Gewicht auf den RF verlagert. Bei „6" auf dem linken Fußballen dreht, bei „7" wird der RF herangezogen und das Gewicht auf den RF verlagert.	Normaler GS.	
	8	Stop	Stop	

Hiernach könnte er sie z. B. eine Damenlinksdrehung tanzen lassen.

15. Element: Herrenrechtsdrehung auf Takt 1

Bei „1" tritt er mit dem LF nach vorn rechts, bei „2" Gewichtswechsel auf den RF und weiterdrehen, bei „3" Drehung abschließen.

16. Element: Open Break

Zum Einleiten vieler Figuren ist es notwendig, dass der Herr während Takt 1 eine gewisse Distanz zur Dame erreicht. Dazu dient der „Open Break" oder auch "Break Away", der die Dame auch sensibilisiert für seine Führungssignale. Aus beispielsweise dem GS heraus beginnt er einen der Takte 1 wie folgt:

T	S	Er	Sie	Pos.
1	1-2-3	Bei „1" mit dem LF zurück mit Gewichtsverlagerung auf LF, dabei die Dame mit der RH an ihrer Hüfte etwas wegschieben und dann mit der RH loslassen. Bei „2" Gewicht zurück auf RF, bei „3" mit dem LF wieder neben den RF. Bei „3" steht das Paar in offener Gegenüberstellung und es kommt von ihm in der Regel das Führungssignal zur Figur, zu deren Einleitung der „Open Break" diente.	normaler GS	
	4	Stop	Stop	

17. Element: Inside Turn (IT)

Der Inside Turn ist eines der wichtigsten Elemente und wird von der Dame, was Fußstellung, Drehgeschwindigkeit und eigene Stabilität angeht, oft als schwierig empfunden.

Er beginnt auf Takt 1 mit der Einleitung eines CBL. Dann weiter wie folgt:

T	S	Er	Sie	Pos.
2	5-6-7	Er macht die GS des CBL, dreht sie zusätzlich mit seiner LH über ihrem Kopf in eine Linksdrehung. Seine RH hilft an ihrem rechten Becken, die Dame in die Linksdrehung zu bringen und sie zu stabilisieren.	Ihre Bewegung im Raum entspricht derjenigen des Cross Body Lead. Sie dreht jedoch auf 5-6-7 zusätzlich im Laufen noch links herum. Bei „5" tritt sie mit LF gerade nach vorn, kann den LF dabei bereits leicht nach links eindrehen und die Linksdrehung auf diesem Fuß beginnen. Auf „6" geht sie mit dem RF weiter in die ursprüngliche Raumrichtung und dreht zugleich auf diesem Fuß weiter. Auf „7" mit dem LF neben dem RF aufsetzen und die $1^1/_2$ Drehungen so weit wie möglich abschließen, so dass sie wieder gerade vor ihm steht.	
	8	Stop. Das Paar steht sich nun wieder in Grundhaltung gegenüber, hat aber die Raumrichtung genau so geändert, wie bei einem normalen CBL.		

Takt 2 funktioniert für die Dame in der Regel nur dann, wenn sie auf „7" den RF während der Drehung auf dem LF hochnimmt. Achtung: Abschluss ist dann eine Haltung, bei der der RF nur zur Stabilisierung eingesetzt wird, aber kein(!) Gewicht erhält. Auf keinen Fall nach hinten auf den RF kippen, denn der soll ja demnächst frei sein! Wenn doch gekippt wurde, einfach so lange abwarten, bis Schlag 2 kommt, dann Gewicht auf den LF nehmen und danach normal weiter.

Falls sie jetzt noch nicht gerade vor ihm steht, bleibt sie während der folgenden Pause stehen und zieht im folgenden Schlag von Takt 1 mit dem freien RF gerade.

Der Inside Turn kann auf viele unterschiedliche Weisen getanzt werden, je nachdem, aus welcher Figur er beginnt oder wie es der führende Herr entscheidet. Hier einige Alternativen:

Bei „3" führt er seine RH über ihren Kopf an ihren Nacken und führt durch den IT, indem er mit dieser Hand ihren Kopf durch diesen sog. „kopfgeführten IT" führt. Sie hält den Oberkörper dabei aufrecht und gerade, beugt aber den Kopf spannungsgeladen nach vorn vor ihren Körper. Für den Anfang kann sie auch vollständig gerade bleiben, den Kopf also nicht beugen. Das ist zunächst besser, wenn Sie noch nicht über eine gute Körperstabilität verfügt.

Wenn die Dame über ausreichend Körperspannung verfügt, kann der Herr bei „5" kurz den Impuls zum Drehen geben, dann zur Drehung die Dame vollständig loslassen.

Er kann bei „3" seine RH von vorn an ihre rechte Schulter legen und ihr so den Drehimpuls geben.

Er kann bei „3" seine RH von vorn um ihre rechte Beckenseite legen und den Impuls geben. Dabei ihren rechten Arm vertikal nach oben führen. Sie spürt das selbst und nimmt von sich aus beide Arme vertikal nach oben, was dieser Variante wirkliche Attraktivität verleiht.

Aus der gekreuzten Doppelhandhaltung, die RH sind unten, mit beiden gefassten Händen durch den Inside Turn führen.

18. Element: Hinterkreuzen

Bei manchen Figuren macht das sog. „Hinterkreuzen" den Ablauf leichter und dynamischer. Dieses Element ist sowohl für die Dame, als auch für den Herrn eine wesentliche Erweiterung der Fertigkeiten. Es wird hier als Einleitung für einen Rechtskreisel des Paares beschrieben.

T	S	Er	Sie	Pos.
1	1...	GS, dabei die Dame eng nehmen.	GS.	
	4	Stop	Stop	
2	5-6-7	Bei „5" mit dem RF nach links hinter den LF treten (hinterkreuzen), bei „6" Gewicht auf den LF, diesen dabei weiter nach rechts drehen, bei „7" den RF heranziehen. Während dieses Taktes 2 dreht das Paar weiter eng rechts herum.	Mit nebeneinander aufgesetzten Füßen mit ihm rechts herum drehen.	
	8	Stop	Stop	

Beim nun folgenden 1-2-3, sofern der Herr weiter die gemeinsame Rechtsdrehung führt, ist es an ihr zu Hinterkreuzen. Er setzt bei „1" seine Füßen nebeneinander auf.

19. Element: Der Läufer, vorwärts

Das Paar bewegt sich vorwärts (aus Sicht des Herrn) über die Tanzfläche. Jeder Schlag bedeutet einen Schritt mit dem zugehörigen Fuß in Fortbewegungsrichtung.

20. Element: Der Läufer, rückwärts

Wie vorher, jedoch rückwärts.

21. Element: La cucaracha nach links

Warum dieser Schritt so genannt wird - wer weiß? Auf jeden Fall kann man sich damit seitlich auf der Tanzfläche fortbewegen. Also in Grundhaltung gehen und los geht die Kakerlake nach links (aus Sicht des führenden Herrn):

T	S	Er	Sie	Pos.
1	1-2-3	Bei "1" mit dem LF nach links, bei "2" mit dem RF an den LF heran, bei "3" mit dem LF wieder nach links heraustreten.	Bei "1" mit dem RF nach rechts, bei "2" mit dem LF an den RF heran, bei "3" mit dem RF wieder nach rechts heraustreten.	
	4	Stop	Stop	
2	5-6-7	Bei "5" mit dem RF an den LF heran, bei "6" den LF nach links, bei "7" mit dem RF an den LF heran.	Bei "5" mit dem LF an den RF heran, bei "6" den RF nach rechts, bei "7" mit dem LF an den RF heran.	
	8	Stop	Stop	

22. Element: La cucaracha nach rechts

In Grundhaltung gehen und los geht die Kakerlake nach rechts (aus Sicht des führenden Herrn):

190

T	S	Er	Sie	Pos.
1	1...	Am Platz	Am Platz	
	4	Stop	Stop	
2	5-6-7	Bei "5" mit dem RF nach rechts, bei "6" mit dem LF an den RF heran, bei "7" mit dem RF wieder nach rechts heraustreten.	Bei "5" mit dem LF nach links, bei "6" mit dem RF an den LF heran, bei "7" mit dem LF wieder nach links heraustreten.	
	8	Stop	Stop	
3	1-2-3	Bei "1" mit dem LF an den RF heran, bei "2" mit dem RF nach rechts heraustreten, bei "3" mit dem LF wieder an den RF heran.	Bei "1" mit dem RF an den LF heran, bei "2" mit dem LF nach links heraustreten, bei "3" mit dem RF wieder an den LF heran.	
	4	Stop	Stop	
4	5...	Wie Takt 2 oder am Platz	Je nachdem, was der Herr führt.	
	8	Stop	Stop	

23. Element: Cross Body Lead (CBL)

Nicht wirklich ein eintaktiges Element, aber von größter Bedeutung und wird meist als Einheit durchgeführt. Der CBL wird daher in dieser Systematik als Element verstanden.

10. Soli

S oli werden in diesem Kompendium so verstanden, dass das Paar sich
wenigens kurz nicht berührt. Soli und Choreografien für „Lady Style"
sind nicht Thema dieses Buches. Es werden einige wenige der
Vollständigkeit halber aufgeführt.

Ein anderer, gebräuchlicher Name für Soli ist „Shines", da die
natürlich frisch geputzten Schuhe bei den vielen komplexen
Fußbewegungen glänzend zur Geltung kommen.

Viele Soli laufen so ab, dass der Herr die Bewegungen vorgibt. Die
Dame macht diese Bewegungen dann 1 Takt später nach. Damit ist eine
Reihe von Improvisationen möglich.

1. Solo: Nr. 1

Unterrichtszeit Tanzschule	30 min
Erstmaliges Lernen im Selbststudium	45 min

Wiederholung	10 min
Konzentriertes Lesen	10 min

Anhaltswerte für erforderliche Übungszeiten

GS, einen CBL, dabei die Dame loslassen und auf Abstand gehen.

T	S	Er	Sie	Pos.
1	1-2-3	Normaler GS, dabei etwas weiter auf Abstand gehen.	GS	
	4	Stop	Stop	
2	5-6-7	GS, dabei noch etwas weiter auf Abstand gehen.	GS	
	8	Stop	Stop	

T	S	Er	Sie	Pos.
3	1-2-3	Bei „1" den LF vor den RF setzen als Tap, bei „2" mit dem LF nach links vorne einen Tap, bei „3" den LF vor den RF setzen und Gewicht auf den LF verlagern.	GS.	
	4	Stop	Stop	
4	5-6-7	Bei „5" mit dem RF vor den LF einen Tap, bei „6" mit dem RF nach vorn rechts einen Tap, bei „7" vor den LF setzen.	Bei „5" den LF vor den rechten setzen als Tap, bei „6" mit dem LF nach links vorne einen Tap, bei „7" den LF vor den RF setzen und Gewicht auf den LF verlagern.	
	8	Stop	Stop	
5	1-2-3	GS	Bei „1" mit dem RF vor den LF einen Tap, bei „2" mit dem RF nach vorn rechts einen Tap, bei „3" vor den LF setzen.	
	4	Stop	Stop	
6	5...	GS	GS	
	8	Stop	Stop	
7	1...	Rechtsdrehung	GS	
	4	Stop	Stop	
8	5-6-7	GS, dabei wieder an die Dame annähern und nach ausreichender Annäherung wieder in GS mit Grundhaltung.	Rechtsdrehung	
	8	Stop	Stop	

Weiter mit GS.

2. Solo: Seitensprung der Dame

Unterrichtszeit Tanzschule	20 min
Erstmaliges Lernen im Selbststudium	30 min

Wiederholung	10 min
Konzentriertes Lesen	10 min

Anhaltswerte für erforderliche Übungszeiten

Aus dem GS heraus:

T	S	Er	Sie	Pos.
1	1-2-3	Mit den Füßen GS, aber in offene Handhaltung gehen, sie nur noch mit der LH führend. Bei „3" etwas nach links versetzen, um das kommende anzuzeigen.	GS	
	4	Stop	Stop	
2	5-6-7	Bei „5" die Dame mit der eigenen LH nach links in eine schnelle Links-drehung führen und loslassen.	Bei „5" nach rechts treten, bei „6-7" eine Linksdrehung durch-führen, die die Dame noch ein wenig von ihm seitlich wegführt. Die Bewegung ist rein seitlich, sie geht nicht in seine Richtung!	
	8	Stop. Sie steht nun ca. 1¹/₂ Schritte aus seiner Sicht schräg links neben ihm.		
3	1...	GS am Platz.	Am Platz.	
	4	Stop	Stop	
4	5-6-7	GS am Platz, bei „7" die Dame wieder in Tanz-haltung nehmen.	Eine gelaufene Damen-rechtsdrehung: die Drehung bei „5" durchführen, bei „6" einen seitlichen Schritt durch-führen, die sie wieder vor ihn bringt, bei „7" am Platz.	
	8	Stop	Stop	

In einer Rueda, wo alle Paare nebeneinander tanzen, macht die Dame den GS am Platz bei Takt 3 mit dem Herrn, der dort steht. Dieser führt sie dann auch durch die weggehende Rechtsdrehung von Takt 4. Ein kurzer, aber immerhin vollendeter Seitensprung!

3. Solo: Suzy Q

Unterrichtszeit Tanzschule	45 min	Wiederholung	20 min
Erstmaliges Lernen im Selbststudium	60 min	Konzentriertes Lesen	20 min

Anhaltswerte für erforderliche Übungszeiten

Aus dem GS auf Abstand gehen (oder mit einem CBL), dabei sie während „5-6-7" loslassen und etwas auf Abstand gehen. Dann einige GS getrennt tanzen, er gibt im Folgenden den Startpunkt vor.

T	S	Er	Sie	Pos.
1	1-2-3	Bei „1" mit dem LF vor den rechten kreuzen, bei „2" Gewichtswechsel auf den RF (Füße gekreuzt lassen mit LF vor RF), bei „3" wieder Gewicht auf den LF (Füße gekreuzt lassen mit LF vor RF). Während der Takte 1 bis 3 am Ort im Raum verbleiben, also nicht fortbewegen!	GS, erkennen, dass er mit „Suzy Q" beginnt!	
	4	Stop	Stop	
2	5-6-7	Bei „5" mit dem RF vor den LF kreuzen und dann Gewichtswechsel wie bei Takt 1 durchführen.	Selbst seine Schritte aus Takt 1 durchführen.	
	8	Stop	Stop	
3	1...	Wieder wie Takt 1.	Seine Schritte aus Takt 2	
	4	Stop	Stop	

195

T	S	Er	Sie	Pos.
4	5-6-7	Nun beginnt ein Laufen in kleinen Schritten nach vorne. Bei „5" mit dem RF vor den LF treten, bei „6" mit dem LF vor den RF, bei „7" wieder mit dem RF vor den LF.	Seine Schritte aus Takt 3	
	8	Stop	Stop	
5	1-2-3	Bei „1" mit dem LF eine Rondé-Bewegung ausführen, also mit dem LF in einem großen Bogen um den RF kreisen und dabei den Körper um eine viertel Drehung nach rechts drehen. Nach „1" ist der LF vor den RF gekreuzt. Bei „2" macht der RF einen Schritt nach rechts, bei „3" kreuzt der LF wieder vor den RF. Durch die Drehbewegung zeigt seine linke Schulter zu ihr. Während seiner seitl. Bewegung n. rechts folgt sie ihm mit ihren Schritten nach vorne.	Seine Schritte aus Takt 4	
	4	Stop. Dabei mit dem RF einen Kick nach vorn.	Stop	
6	5-6-7	Eine dreiviertel Drehung rechts herum, danach stabil sein! Wer kopfbeweglich ist, kann sie dabei immer ansehen!	Seine Schritte aus Takt 5, sie wendet ihm also ihre linke Schulter zu.	
	8	Stop	Stop	
7	1...	GS	Seine Schritte aus Takt 6.	
	4	Stop	Stop	
8	5...	Mit GS in Tanzhaltung.		
	8	Stop	Stop	

11. Mehr als Schritte - Tipps für ein erfolgreiches Miteinander

Die Salsa hat für beide Geschlechter unendlich viel zu bieten, eine erfolgreiche langfristige (oder auch sehr kurzfristig orientierte) Partnerfindung kann da genau so ein Ergebnis sein wie das Aufleben einer etwas in die Jahre gekommenen Ehe. Oder die Salsa ist für viele auch ganz einfach „nur" ein Riesenspaß, der zum Teil auf der Tanzfläche stattfindet und den Freundeskreis enorm erweitert.

Was auch immer die Ziele und Ergebnisse sein mögen, aller Anfang kann leichter oder schwerer gemacht werden. Da ist die Didaktik der Tanzschule wichtig, aber oft auch der Tanzpartner mit richtigem Verhalten gefragt. Einige Tipps dazu, was Sie tun können, um an Ihrem Partner und der Salsa viel und lange Freude zu haben, hier in aller Kürze und ohne Anspruch auf Vollständigkeit. Sie entspringen meiner ganz persönlichen Sicht und derjenigen der vielen Menschen beiderlei Geschlechts, mit denen ich darüber gesprochen habe.

Sie finden im Folgenden „Tipps für die Dame/den Herrn", jeweils unterteilt in Anregungen für das menschliche Miteinander und in Tipps für besseres Tanzen. Schauen Sie in „Ihr" Kapitel hinein und prüfen Sie, welche Anregungen Sie weiterbringen könnten. Setzen Sie sie um und finden Sie selbst weitere Verbesserungsmöglichkeiten, die noch besser auf Sie persönlich zugeschnitten sind. So entwickeln Sie sich weiter und werden von Ihrer Umgebung immer positiver wahrgenommen. Besonders spannend kann es sein, über die Schwierigkeiten des Partners zu lesen und diese besser zu verstehen. So können Sie es ihm oder ihr leichter machen und die gemeinsame Zeit noch viel erfreulicher gestalten.

Eine wichtige Anmerkung zu den Äußerungen der Tanzlehrer während der Kurse: nehmen Sie nichts als absolute Wahrheit hin! Ein Tanzlehrer zieht es schon einmal vor, Erfolgserlebnisse zu vermitteln.

Dem Tanzlehrer nicht alles glauben: wenn er auf die Frage „wo sind bei der Damendrehung die Hände?" antwortet „über dem Kopf der Dame", dann hat er als guter Didakt erkannt, dass das Hauptproblem beim Kurs darin liegt, dass das Führungshändepaar weit aussen herumrührt. Da ist die Antwort „über dem Kopf der Dame" schon ein Riesenfortschritt. Je nachdem, wo Sie selbst stehen, kann aber eine detailliertere Antwort nötig sein, zum Beispiel: „leicht exzentrisch".

Bedenken Sie, dass für Sie ganz persönlich einige oder alle im Folgenden beschriebenen Hinweise unzutreffend oder nicht nachvollziehbar sein könnten. Vielleicht nehmen Sie dann die Liste als Anregung, um Ihre ganz eigenen Vorstellungen zu finden und aufzuschreiben? Ich würde mich freuen, von Ihnen über die Webseite www.salsa-kompendium.de mehr hierüber zu erfahren!

11.1 Tipps für die Dame

11.1.1 Die Ausgangslage

Bevor Sie Ihren Lebenspartner auf die Tanzfläche drängen, mit wildfremden Herren tanzen oder sogar mit diesen einen Kurs belegen, kann es Sinn machen, sich einige grundsätzliche Gedanken zu machen darüber, was Sie erwartet und was Sie erwarten können. Zunächst einmal zu Ihrem Verständnis als Dame die Basis der Fähigkeiten, aus denen die Herren schöpfen können.

Aus völlig unklaren Gründen scheint es so zu sein, dass die meisten Herren der Schöpfung Takt- und Hüftgefühl nicht wirklich von Natur aus so mitbekommen haben wie Sie, meine Damen. Vermutlich bereiten das Kicken von Fußbällen im Kindergarten, das Frisieren von Mopeds oder Ballerspiele am Computer nicht sehr gut darauf vor. Es scheint so zu sein, dass Männer bereits als Kleinkinder eher auf handgreifliche Konkurrenz und Gegenstände konzentriert sind, während Frauen sozialer und kommunikativer geboren werden. Freuen Sie sich also, wenn er Ihnen zuliebe völlig gegen seine Natur mit Ihnen tanzt - das ist ungefähr so, als würden Sie ihm zuliebe mit Begeisterung Werkzeugkataloge blättern, Spoiler oder chromblitzende Accessoires an das Auto schrauben und 6 Stunden völlig (!) schweigsam, was bedeutet „ohne ein Wort", mit ihm Angeln oder Jagen gehen.

Wenn Ihr Tanzpartner auch Ihr Lebenspartner ist, freuen Sie sich also über seinen Schattensprung und verzeihen ihm die vielleicht mäßigen Fortschritte. Stellen Sie ihn bloß, sind Sie ihn los!

Er leidet also bereits an den oben beschriebenen naturgegebenen Nachteilen und soll dann zugleich den Takt und die Schritte von Tanz und Figuren lernen und zugleich noch abwechslungsreich und gekonnt die Dame durch die Figuren führen. Letzteres bedeutet, sich im vorhinein zu überlegen, welche Figur demnächst kommen soll, wie diese aufgebaut ist und ob auf der Tanzfläche in der dafür benötigten Richtung Platz sein wird. Dies verlangt vom Mann die Fähigkeit, das eine im Moment zu tanzen, aber im Kopf schon an etwas anderes zu denken. Und das bei einem Geschlecht, das sowieso nicht dazu gemacht ist, mehrere Dinge gleichzeitig zu erledigen!

11.1.2 Fallstricke im Miteinander vermeiden

Üben Sie also Nachsicht und verkraften Sie eine Weile seine Fehltritte. Vor allem verlangen Sie bitte nicht Dinge, die er auch beim besten Willen nicht leisten kann. **Glauben Sie ihm, dass er sein Bestes gibt und unterstützen Sie seine Fortschritte,** dann werden Sie an Ihrem männlichen Tanzsportgerät länger und mehr Freude haben.

Das aus meiner Sicht einzige, was Sie **niemals durchgehen lassen sollten, ist ein Tanzen „neben dem Takt" oder „mit einem falschen Fuß".** Das muss so schnell wie möglich richtig sitzen und darf auf keinen Fall falsch im Kopf zementiert werden. Bei der Salsa ist in diesem Zusammenhang insbesondere das Einhalten der Pause ein für viele TänzerInnen anspruchsvolles Thema, das immer wieder geübt werden sollte. Die entsprechende Takttrainings-Audio-CD/DVD zum Buch hilft gerade an dieser Stelle enorm!

Als Dame werden Sie vergleichsweise leicht in den unteren Kursen zurechtkommen und genau darin lauert für Sie eine nicht unerhebliche Gefahr. Ihre Fähigkeit, sich aktiv führen zu lassen, wird nicht in ausreichendem Maß entwickelt. Oft sagt der Tanzlehrer jede Figur an oder lässt sogar nur Figurenfolgen tanzen, so dass die Paare immer genau wissen, was gleich kommen wird. Also werden Sie als Paar die **Figuren auswendig und mechanisch „abtanzen",** ohne dass innerhalb des Paares Informationen fließen müssen. Sie drehen sich, wie auswendig gelernt, an bekannten Stellen rechts herum, an anderen links herum. Und zwar genau so oft wie immer. Das kann auch schon viel Spaß machen und die Zuschauer merken das ja auch nicht direkt. Dahin, dass sie Ihren Tanz als zugleich spannungsgeladen, leicht und elegant empfinden und echte Glücksgefühle aufkommen, werden Sie so jedoch nicht gelangen. Und wenn Sie einmal einen wirklich guten Tänzer ergattern können, soll es ja auch funktionieren, möglichst wenig peinlich werden und zu häufigem, gemeinsamen Tanz anregen.

Der Herr führt - nicht nur durch die Figuren, sondern auch im Tanzstil. Wenn der Herr also einen eher weichen, drehenden kubanischen Stil tanzt, lassen Sie bitte ihre im New York Lady Style mühsam gelernten harten Kicks und Taps genau so weg wie die beinharte Körperspannung und bestehen Sie nicht auf dem 90°-Konzept. Das braucht man hierzu nicht. Wenn er zackigen New York Style tanzt, dann versuchen Sie, ihm zu folgen und machen z. B. bei der einfachen Rechtsdrehung keinen riesigen Ausfallschritt, sondern drehen auf der Stelle. Diese **Flexibilität, sich auch im Stil führen zu lassen**, dürfte Sie für einige Monate mit herausfordernder, aber auch interessanter Lernarbeit versorgen. Sie ist die Grundlage dazu, mit jeder Aufforderung gut klarzukommen. Die Alternative zu dieser Flexibilität heißt, ausschließlich mit Leuten zu tanzen, deren Stil zufällig auch der Ihre ist und sich so gezielt nicht weiterzuentwickeln. Das kann eine erhebliche Einschränkung sein.

Eine der größten Herausforderungen der Damenwelt besteht darin, überhaupt einen akzeptablen Herrn zu finden - sei es als Übungspartner in der Tanzschule, am Partyabend der Schule oder abends in der Tanzbar. Daran, dass diese Situation schwierig ist, können Sie nichts ändern, an Ihrer persönlichen Erfolgsquote allerdings schon. **Bisher hat noch jede Frau, die dieses Ziel mit Nachdruck verfolgte, einen passenden Tanzpartner gefunden.** Eine Sammlung von Ansätzen, mit denen Sie Ihre Chancen auf diesem schwierigen Markt ein wenig verbessern können, im Folgenden.

Eine der üblichen Situationen in der Tanzbar: Sie werden aufgefordert von einem Herrn, der sich dann auf der Tanzfläche als wenig geeignet erweist. Sie schauen, dass Sie so schnell wie gerade noch sozialverträglich möglich, wieder auf Ihren Stuhl kommen **und schon geht die Lästerei und Lacherei los**. Andere Männer bemerken das natürlich, und ob sich dann noch ein netter, aber tänzerisch nicht völlig sicherer Herr an Ihren Tisch wagt zum Auffordern? Viele Ihrer Chancen vergehen auf diese Weise!

Zeigen Sie, dass man Sie erfolgreich auffordern kann, und machen Sie den erbetenen Tanz, nahezu unabhängig von der Attraktivität des Herrn. Wenn Sie danach kein Potenzial für die Zukunft sehen, sagen Sie zum Ende hin freundlich so etwas wie „Na, unsere Stile passen ja wohl doch noch nicht so ganz zusammen, hm?" und vermeiden Sie so, dass der Herr sie nochmal auffordert. Lächeln Sie ihm bei Ihrer Flucht zum Tisch dankbar zu und warten Sie hinterher mit dem Lästern mindestens 1-2 Lieder, bis auf keinen Zusammenhang mit dem erwähnten Herrn mehr geschlossen werden kann. Die anderen Männer werden eine Aufforderung bei Ihnen riskieren und nach einigen Abenden und Mühen haben Sie eine gute Sammlung brauchbarer oder wenigstens entwickelbarer Herren zusammen.

Sie haben entschieden, selbst das **Wagnis des Aufforderns** nicht eingehen zu wollen? Sie empfinden die Fragerei vielleicht als zu anbiedernd? Eine Zurückweisung wäre zu peinlich? Sich ausschließlich auffordern zu lassen kann richtig sein, immerhin sind es die Herren, die das Gefühl des Eroberns stärker brauchen und dazu noch, wenigstens äußerlich, überlegen erscheinen wollen. Denken Sie aber auch daran, dass die gleichen Unsicherheiten und Zweifel auch bei den Herren bestehen. Wenn sie also Ihren Herrn aus der unbekannten Menge ausgewählt haben, schauen Sie immer mal wieder hin und *lächeln Sie* ganz kurz und nur für ihn sichtbar. Er wird zu Ihnen kommen, wenn es nur die geringste Chance gibt (seine Partnerin also z. B. auf der Toilette ist). Und wenn es nicht klappt, haben Sie nichts riskiert. Manchmal funktioniert es auch erst am nächsten Abend, wenn der Herr ohne Begleitung kommt...

Natürlich träumen Sie, wie die meisten anderen Frauen auch, von diesem **sagenhaft guten und sympathischen Tänzer**, der immer umlagert und besetzt ist von einer Vielzahl attraktiver, blöder Ziegen? Kein Durchkommen? Stimmt leider oft, da kann man nichts machen. Es sei denn, Sie haben tatsächlich eine Eigenschaft, von der Sie glauben, dass sie besonders faszinierend ist und diesen Mann interessiert. Bereiten Sie ihre Annäherung sorgfältig vor. Warten Sie auf Ihre Gelegenheit, wenn der Herr vielleicht doch einmal alleine zur Toilette geht und Sie einen wirklich guten Spruch auf Lager haben. Sie haben keine Chance - nutzen Sie sie!

Seltsamerweise führen selbst **Zeitungsanzeigen** immer wieder zum Erfolg, wenn sie richtig eingesetzt werden. In der Regel melden sich 90-100 % Herren, die nicht wirklich Tanzen im Sinn haben. Was soll's, wenn Sie die Interessen der Herren in die richtigen Bahnen lenken können? Die Allerschlimmsten bekommen Sie schon am Telefon aussortiert, zum Ausscheiden der restlichen ungeeigneten Herren investieren Sie eine Stunde in einem ruhigen Café ohne Luftzug, so dass Sie ihn ggf. auch riechen können. Nach einigen Anzeigen bleibt ganz sicher ein prima Herr übrig! Die Quote verbessert sich weiter, wenn Sie schon die Anzeige durchdacht formulieren - „...sucht Herrn für Tanzkurs (nichts sonst)" oder „Mit mir dauerhaft Tanzkurse machen und bitte andere Mädels abschleppen!". Viel Spaß bei der Formulierung im Freundinnenkreis!

Egal, ob Sie eine Anzeige schalten, Aushänge in Tanzschulen, Universitäten oder Supermärkten an die Wand pinnen, im Internet die verschiedenen Kontaktbörsen nutzen oder Zettel auf Parkplätzen verteilen: **denken Sie daran, welche Wünsche Ihr Zielmann wohl haben wird** und wie Sie ihm diese so erfüllen helfen, dass Sie das bekommen, was *Sie* wollen und nicht mehr geben müssen als Ihnen Recht ist. Zeigen Sie bei Ihren Kontaktversuchen, dass Sie an einer Situation interessiert sind, bei der beide viel gewinnen können und sollen.

Machen Sie sich, vielleicht zuhause in einer ruhigen Minute in der Badewanne, immer wieder klar, was Sie selbst wirklich wollen und warum Sie mit den Herren tanzen. Erfüllen Sie weitergehende Träume der Herren nur dann, **wenn es auch Ihre ureigensten Träume** sind. Wenn es anders läuft und Sie sich hinterher schlecht fühlen, dann ist das tatsächlich ausschließlich *Ihr Problem*, es gibt niemanden, dem Sie sonst noch gerechtfertigterweise die Schuld zuschieben könnten. Treffen Sie Ihre Entscheidungen rechtzeitig und stehen Sie dann auch vor sich selbst zu den Folgen. Fehler sind in Ordnung, aber machen Sie den gleichen Fehler möglichst nur ein einziges Mal! Wenn Sie spüren, dass Sie Ihre Fehler mehrfach wiederholen, besuchen Sie einen ausgebildeten Coach, um sich besser kennenzulernen, die Wiederholungen abzustellen und durch Handlungsweisen zu ersetzen, die Ihnen ein besseres Leben ermöglichen.

Herren können bisweilen recht sensibel sein. Wenn Sie ihrem Tanzpartner also **von dem „traumhaften Tänzer" von vorgestern vorschwärmen**, mit dem alles so leicht und toll war, dann kann das ein großer Schritt sein, um Ihrem Partner das Tanzen ein Stück weiter zu verleiden. Wenn er Ihnen von der langbeinigen Schönheit von neulich vorschwärmt, sind Sie in der Regel ja auch nicht beglückt. Wenn Sie ihn weiterentwickeln wollen, dann geben Sie ihm kleine, an seine Leitungsfähigkeit angepasste Tipps, die seine Tanzerei in machbaren Häppchen verbessern.

11.1.3 Hinweise für die Tanzfläche

Da Sie naturbedingt besser auf das Tanzen eingerichtet sind und auch nicht das Führen lernen müssen, **haben Sie den gedanklichen Freiraum, sehr frühzeitig und bereits in untersten Kursen anzufangen, im richtigen Moment Körperspannung aufzubauen** und sich vom Herren zum Beginn von z. B. einer Damendrehung an seiner Führungshand abzustoßen, solange er noch nicht aktiv führen kann und seine Hand eher schlapp ist. Sie bauen dadurch bei ihm und Ihnen in Bauch und Arm eine Spannung auf, die später der Beginn traumhafter Leichtigkeit und rasanter Drehungen sein wird. Weil es so wichtig ist, hier nochmals der Kommentar, dass jede Drehung nach und nicht während der Taktpause beginnt, der Aufbau der Spannung aber schon vor oder während der Pause. Da haben Sie viel zu üben, während er noch verzweifelt die Grundlagen lernt. Die Anstrengung lohnt, denn die Dimensionen, die später so erreichbar sind, sind nur zu erleben, kaum zu beschreiben.

An dieser Stelle noch ein wichtiges Grundprinzip des „sich führen lassens". Lässt der Herr eine Hand der Dame los, hat sie verschiedene Möglichkeiten, zu reagieren. Leider ist meist nur eine einzige Variante im Sinne eines harmonischen Tanzens die beste:

- Wenn der Herr die Hand der Dame in eine besondere Position gebracht hat und keinen Impuls für ein Wegnehmen der Hand gegeben hat, lässt die Dame die Hand dort. Er wird diese Hand vermutlich später wieder dort finden wollen.

- Ist klar, dass er sie in ein bekanntes Element führt, zu der eine ebenso bekannte Handhaltung von ihr gehört, wird sie diese ausführen.

- Ist ihre Hand frei und sie weiß beim besten Willen nicht, was sie damit anfangen soll, nimmt sie die Hand vor sich in Höhe ihrer Körpermitte. Von dort aus kann sie die ihr später wieder hingehaltene Hand des Herrn schnell und problemlos ergreifen. So kann auch er ihre Hand finden, falls sie einmal zu verwirrt zu aktiver Handlung sein sollte.

- Legt der Herr seine Hand mit der Handinnenseite an den Körper der Dame, z. B. an die Hüfte, so ist dies nicht das Signal, die Hand des Herrn zu nehmen, sondern das Signal für die Dame, dass ihre freie Hand für diesen Takt frei bleiben wird. Also kann oder muss sie eine Style-Einlage starten. Seine Hand in der beschriebenen Art und Weise an ihre Hüfte geführt, bedeutet für sie demnach in der Regel, die freie Hand hochzunehmen. Seine beiden Hände an ihrer Hüfte ist dann das Signal, beide Hände senkrecht nach oben zu strecken für eine vielleicht folgende, rasante Drehung. Lässt sie dabei ihre Ellenbogen nach außen hängen, können einerseits erhebliche Zahnarztkosten auf die Dame als Verursacherin zukommen und es kann andererseits die Begeisterung der Herren deutlich nachlassen.

- Niemals wird die Dame dem Herrn ihre Hand zum Ergreifen irgendwo hinhalten - wie könnte sie auch, sie weiß ja nicht, wie es weitergeht.

- Die Dame lässt bei Figuren ihre Hand, an der der Herr führt, so in den Fingermittelgliedern gekrümmt, dass der Herr mit seinen gleichfalls gekrümmten Finger wahlweise „einhaken" oder loslassen kann. Wenn sich die Dame an der Hand des Herrn festkrallt, nimmt sie ihm die Freiheit, die er zum Führen dringend benötigt. Wenn sie die Finger lang lässt, rutscht er einfach heraus, was meist ein sehr unrühmliches, frühzeitiges Ende einer Figur bedeutet. Dies gilt natürlich nicht in Momenten, wo eine flache Hand benötigt wird, zum Beispiel beim Abdrücken.

- Niemals öffnet die Dame ihre Hand und zieht diese weg, so lange die Hände von Herr und Dame sich noch berühren. Ihm würde dadurch jede Möglichkeit genommen, die geplante Figur weiterzuführen. Die Dame hat also in kürzester Zeit die Entscheidung zu fällen, was zu tun ist. Gar nicht so einfach!

- Allgemeiner Tipp für die Handhaltung: die freie Hand niemals unter eigener Bauchnabelhöhe halten!

- Allgemeiner Tipp für den Ellenbogen: niemals hinter den eigenen Körper kommen lassen, wenn die Figur dies nicht erzwingt!

Alle genannten Regeln sind als angestrebtes Ziel zu verstehen. Natürlich kann sie, wenn sie eine Figur im Tanzkurs besser versteht als er, ihm die Hand einmalig hilfreich führen, um ihn zu unterstützen, so lange dies nicht zur Gewohnheit wird.

Die Drehungen der Dame finden in der Regel auf „5-6-7" statt. Es ist praktisch immer ungünstig, wenn sie gegen Ende von „1-2-3(-4)" schon anfängt, sich einzudrehen. Insbesondere die Pause „4" dient dazu, den Körper wie eine Feder zu spannen, damit sich diese Spannung bei „5" zielgerichtet entladen kann. Die Positionierung der Hände bei „1-2-3" und die folgende Pause dienen der Vorbereitung und des Spannungsaufbaus - so kann die Dame sich auf die kommende Drehung einstellen. Wenn sie zu früh dreht, nimmt das der Sache jegliche Leichtigkeit und Dynamik. Manche Figuren funktionieren dann auch überhaupt nicht mehr.

Der Herr trifft die Entscheidung, was zu tanzen ist, einige Schläge bevor er dies tatsächlich führt. Er denkt immer weit voraus! Wenn **die Dame also einen Bewegungsablauf beenden möchte**, vielleicht weil ihr bei der 8-ten Drehung langsam ernsthaft schummrig wird, dies beim Herrn rechtzeitig anmelden, also lange bevor es wirklich unerträglich wird! Die nächsten Schritte und die nächste Figur sind fest in seinem Kopf gemeinsam mit den voraussichtlichen Lücken auf der Tanzfläche einzementiert, eine Änderung braucht Zeit.

Meist geht es auf Tanzflächen recht eng zu - bleiben Sie also nah am Herrn, wenn Sie durch die Drehungen wirbeln. Ein Tipp, der sehr oft funktioniert, ist, die Ellenbogengelenke nicht weiter als 90° zu öffnen, **die Gelenke also stark gebeugt zu lassen**. Sie bleiben dem Herrn nah und lernen auf diese Weise noch ganz nebenbei, im richtigen Moment Körperspannung aufzubauen. Dabei können Sie noch darauf achten, dass die Füße unter dem Körper bleiben, die Schrittweite also sehr klein bleibt. Dann werden Sie eigene Stärke entwickeln, sich gut führen lassen, genug Zeit für die Ausführung der Figuren haben, und dem Herrn auch bei engen Verhältnissen die Möglichkeit zu mehr Figuren geben. Manchmal langweilt er Sie auf der Fläche nur deswegen, weil Sie ihm nicht die Gelegenheit zu sozialverträglichem Figurentanz geben.

Dreht er die Dame heraus, ist es meist ein guter Ansatz, wenn die Dame ihre Schultern parallel zu den seinen lässt. Wie im vorigen Punkt beschrieben, nicht schlaff wegdrehen. So entsteht übrigens ganz nebenbei viel Körperspannung, wichtig für die gesamte Tanzerei!

Wenn Sie langsam eine wirklich gute Tänzerin werden, können Sie anfangen, **Ihr Augenmerk häufiger dem Herrn und weniger dem Fußboden zuzuwenden**. Immerhin geht es ja um das harmonische

Miteinander im Paar. Und außerdem kann der Herr so weniger ungestört die anderen tollen Mädels betrachten. Schauen Sie bei einer Drehung dem Herrn so lange wie möglich in die Augen, drehen dann den Kopf zackig vollständig herum und suchen so schnell wie möglich wieder seine Augen. Suchen Sie bei allen Figuren an geeigneten Stellen immer wieder diesen Augenkontakt!

Ein guter **Gleichgewichtssinn** ist wichtig für viele Drehungen, die Sie aus eigenem Können heraus stabil schaffen sollten. Sie können Ihre Stabilität im Alltag leicht verbessern, indem Sie die vielen Gelegenheiten nutzen. Wenn Sie alleine im Aufzug stehen, könnten Sie das auf einem Fuß versuchen zu schaffen. Beim Anhalten mit dem Fahrrad versuchen, nach Stillstand so lange wie möglich im Sattel zu bleiben ohne abzusteigen. Diese kleinen Spielchen helfen Ihnen dabei, besser zu tanzen.

Eine immer wieder anzutreffende, sehr ernst zu nehmende Schwäche bei den Damen ist die Neigung, **Ihren rechten Arm am Führungsarm des Herrn wie an einem Kleiderständer aufzuhängen**. Für den vielbeschäftigten Herrn ist das langsame Anwachsen dieser Zusatzlast oft nicht direkt zu spüren - nach kurzer Zeit lässt die Kraft seines Führungsarmes jedoch spürbar nach, oft mit der Folge vorzeitiger Unlust. Dies bisweilen noch verbunden mit innerem Ärger, sobald er bemerkt, dass sich da jemand auf seine Kosten ausruht. Und wollen Sie als Dame wirklich so schlapp wirken, dass Sie noch nicht einmal Ihren eigenen Arm halten können?

11.2 Tipps für den Herrn

11.2.1 Die Ausgangslage

Genial! Anders ist es kaum auszudrücken: auf einen tanzinteressierten Herrn kommen direkt 10 bis 20 Frauen, 18:1 in einem Salsa-Grundkurs war das deutlichste Missverhältnis, von dem ich in meinem direkten Umfeld gehört habe. Viele weitere Damen sitzen zuhause, würden gerne tanzen, haben aufgegeben zu suchen und/oder finden keinen auch nur halbwegs akzeptablen Partner.

Dennoch gibt es selbst in der Tanzszene eine ganze Anzahl Herren, die wenig Anklang finden und nicht zu wissen scheinen, an was das liegt. Die Damen verlieren auch in der größten Verzweiflung nicht ihren Mindestanspruch. Was das sein könnte, dazu weiter unten einige Tipps bei den Fallstricken. Im Vergleich dazu völlig unwichtig sind die darauf folgenden tänzerischen Tipps.

Wenn Sie einmal versuchen, sich in die Lage der Damen zu versetzen und entsprechend agieren, werden Sie auch bei sehr mäßigem tänzerischen Talent mit der Salsa viel Spaß haben!

11.2.2 Fallstricke im Miteinander vermeiden

Es ist ja schon peinlich, aber ein Grund für die Ablehnung eines Herrn nicht nur auf der Tanzfläche, den ich sehr häufig von Damen höre, ist schlicht und einfach: **„Der stinkt"**. Damen haben ein sehr feines Geruchsempfinden, meine Herren! Darin stecken die Worte „Geruch" und „Empfinden". Wenn Sie ein positives Empfinden hervorrufen wollen, dann duschen Sie so sorgfältig, dass ein Bluthund Schwierigkeiten hätte, Sie zu finden! Und wenn Sie keine parfümierten Deos mögen: es gibt Deokristalle, billig, ewig haltend, geruchlos und gut wirkend. Hier gibt es keine Ausreden „komme grad von der Arbeit...". Was den Damen stinkt, macht das schlechte Gefühl. Fertig. Ach ja, nur um die letzte Unsicherheit zu beseitigen: frisch gewaschene Sachen wären auch nicht schlecht. Und gegen Mundgeruch gibt es Zähneputzen, zuckerfreie Bonbons und Kaugummi.

Wenn wir bei den simplen Dingen sind, gehört an diese Stelle auch der vielleicht zweitwichtigste Kritikpunkt der Damen an uns Männern: **„Der textet einen ja ganz schön zu!"**. Wir Herren machen das recht gerne, um unsere Unsicherheit zu übertünchen und dies mit meist katastrophalen Folgen: Schwafelei und Auslösen eines sofortigen Fluchtinstinkts der Dame. Der Mensch braucht 2 Jahre um sprechen, und 50 Jahre um Schweigen zu lernen. Sie können das hoffentlich schneller! Bevor Sie das nächste Mal in Gefahr stehen, nervige Worthülsen in großer Zahl abzusondern, schauen Sie sich die Dame bitte einmal an und überlegen, ob das jetzt wirklich die Inhalte sind, die die Dame jetzt gerade begeistern können. Wenn Sie vom „Schwafelhannes" zu einem netten, ruhigen, eher etwas schüchternen Mann werden, ist das ein weit attraktiveres Verhalten! Und genug Zeit, sich einzelne, passende, durchdachte Bemerkungen zurechtzulegen, haben Sie dann ja auch. Wenn wir aufhören zu schwafeln, kann das Gehirn plötzlich anfangen, zu arbeiten. **Reden Sie nur, wenn Sie aus Sicht der Angesprochenen etwas Besseres als Stille zu bieten haben!**

Die Vermeidung der meisten menschlichen Fallstricke ist entscheidend dafür, von den Damen angenommen zu werden. Wenn der persönliche Eindruck stimmt, **werden alle Damen sich unendlich viel Mühe geben, dass Sie das Tanzen erlernen.**

Die meisten Damen wollen es in Ruhe angehen lassen, Sie kennen zu lernen. Bieten Sie dauerhaft eine **angenehme, unaufdringliche (!) Freundlichkeit ohne jegliche Besitzansprüche**, so werden Sie bald viele interessante Frauen in Ihrer Bekanntschaft haben. Wenn die Damen andere Herren begeistert begrüßen, freuen Sie sich mit ihnen und begrüßen Sie den Kerl freundlich. Da entsteht wider Erwarten manche Freundschaft und Ihr Bekanntenkreis vervielfältigt sich noch einmal.

Es scheint bei den Herren so zu sein, dass sie es nur schwer verkraften, einmal nicht der Tollste zu sein oder zu scheinen. Beim Tanzen ist genau dies zuerst einmal der Fall, die Damen sind scheinbar von Natur aus viel besser eingerichtet auf diese Art des Zusammenseins. Da ist es natürlich lästig und unangenehm, der Tanzpartnerin über Monate hinterherzuhinken. Viele Herren hören in diesem Stadium mit dem Tanzen auf, weil sie dies einfach nicht ertragen. **Wenn Sie aber durchhalten, kehren Sie diesen Nachteil in Ihren Vorteil um**: nach einem Jahr echter mentaler und physischer Quälerei stehen Sie plötzlich mit an der Spitze der Attraktivitätspyramide, obwohl Sie, absolut gesehen, immer noch ein höchst mäßiger Tänzer sind! Nun fängt der große Spaß an - ohne Fleiß nun mal auch hier kein Preis. Und die unaufdringliche Freundlichkeit fällt Ihnen plötzlich ganz leicht bei all den Damen, die nun mit Ihnen umgehen wollen!

Wenn Sie besser werden, wird Ihr Elan natürlich immer mal wieder mit Ihnen durchgehen. Ich lernte einmal an einem Abend in einer Tanzbar eine sehr attraktive Frau kennen, die ich natürlich angemessen beeindrucken wollte. Ohne wirklich ihren Tanzstil zu bemerken, musste ich die bedauernswerte Dame durch zackige Drehungen schleudern und selbst mit Zusatzkicks und Taps zu glänzen versuchen. In meiner Begeisterung ignorierte ich völlig, dass das Mädel einen weichen, gefühlvollen Stil perfekt im Takt und mit traumhafter Hüftbewegung tanzte und **mit meinem Stil nun wirklich nichts anfangen konnte** und auch nicht wollte. Ich hatte Glück: sie sagte mir hinterher, dass ich „wohl taktmäßig immer ein wenig zu früh war", „ein wenig hektisch" und „mich etwas beruhigen sollte". Ok, der zweite Tanz gefiel ihr dann merklich besser, aber so eine zweite Chance bekommen Sie nur selten! Ich habe mir vorgenommen, demnächst *rechtzeitig* ein wenig sensibler zu werden und manchmal klappt es sogar.

Meine Herren, wir sind in diesem Abschnitt unter uns: natürlich ist der Tanz für viele von uns eher Mittel zum Zweck als sonst etwas. Erotik ist ein wichtiger Ursprung von Tanz und auch vollkommen in Ordnung. Wenn das bei Ihnen so ist, denken Sie bitte daran, dass es sinnvoll sein kann, **eine dauerhafte Partnerin zum Tanzenlernen zu haben und wir weitere Ziele mit anderen Damen verwirklichen**. Auf diese Weise ist garantiert, dass Sie für die Damenwelt ständig attraktiver werden und nicht den Ast abschneiden, auf dem Sie sitzen. Spannenderweise finden die Übungsfrauen es auch meist vollkommen in Ordnung und vertrauensbildend, wenn Sie Ihnen das genau so erklären.

An dieser Stelle ein Thema, das in der Salsa-Szene nicht ganz so offensichtlich ist. Aber auch hier wirkt **Alkohol** nicht attraktivitätssteigernd. Wer sich als Herr Mut antrinken muss, hat schon alleine aus diesem Grund schlechte Karten. Und die Damen haben eine feine Nase und ein feines Gespür.

Es ist ungewöhnlich für uns Herren, aber **freuen Sie sich über Kritik** und bitten Sie dazu noch ausdrücklich darum! Das gibt nicht nur an sich schon einen Riesenpluspunkt, sondern macht Sie auch noch kostenlos als Mensch sehr viel angenehmer! Vielleicht fragen Sie eine Dame, mit der Sie schon mehrmals getanzt haben danach, was ihr an Ihnen am wenigsten gefällt und wie Sie das ändern sollen, aber „die Antwort bitte unter 4 Augen". Sie werden sich wundern, was da alles kommt und wie Ihnen das weiterhilft! Wichtig: versuchen Sie zu verstehen, fragen Sie nach, wenn Ihnen Details unklar sind. Auf gar keinen Fall erliegen Sie bitte der Versuchung, die Anregungen der blöden Ziege sofort zu widerlegen! Hören, zuhören und verstehen sind das Ziel der Veranstaltung. Denken Sie eine Woche darüber nach und entscheiden Sie erst dann, welche nützlichen Punkte Sie daraus für sich gestalten können.

Damen werden Sie mögen, wenn es ihnen gut bei Ihnen geht, oder wenn Damen beobachten, dass es den Frauen in Ihrem Arm gut geht! Es geht also weniger darum, selbst als toller Hecht darzustehen, sondern eher darum, den Damen eine gute Zeit zu machen. Dann haben auch Sie eine gute Zeit. Präsentieren Sie also die Dame der Umgebung als interessant, attraktiv und so begehrenswert, wie jede Frau sich fühlen möchte. Wie wichtig dies ist, wurde mir zum ersten Mal wirklich klar, als eine Dame nach einem Tanz mit mir sofort 3 Herren am Schlapp hatte und diese kaum los wurde. Einer der Herren kramte verzweifelt eine gemeinsame, lange vergangene Begegnung heraus, andere waren von ihren eigenen Damen spürbar abgelenkt. Ich konnte das Treiben interessiert betrachten und hatte so nicht nur bei dieser Tänzerin einen Stein im Brett.

Sie gehören zu den armen Tröpfen, die von ihren **Damen mit mehr oder weniger sanfter Gewalt zum Tanzen gezwungen wurden** und es noch immer furchtbar finden? Da hilft nichts: entscheiden Sie ein für allemal, ob Sie dieses Opfer bringen wollen und stehen Sie zu der Entscheidung. Wenn Sie aus gutem Grund zu einem "Ja" kommen, dann ab sofort ohne jedes Meckern oder anschließende Forderungen an die Dame. Wenn Ihre Entscheidung „Nein" sein sollte, dann erklären Sie es der Herzensdame sorgfältig und gut überlegt. Ich kannte schon ein Paar, das richtigerweise entschieden hat, mit dem Tanzen aufzuhören, um als Paar zu überleben. Gut so!

Das Verhältnis von Damen, die einen Tanzpartner suchen, verglichen mit der Zahl der Herren erweist sich als sehr günstig für die letzteren. Wenn Sie als Herr also mit dem Tanzen anfangen und den Anfängerkurs hinter sich gebracht haben, stellt sich die Frage nach einer guten Strategie für das weitere Vorgehen. Es kann sinnvoll sein, mehrere Anfängerkurse als Gastherr anzuschließen, **bis Sie Ihre Traumtanzpartnerin für die weiteren Kurse gefunden haben**. Meist sind Tanzschulen über jeden Gastherrn sehr glücklich, so dass diese Kurse dazu noch kostenlos sein dürften. Dieses Vorgehen ist durchaus auch im Sinne der Damenwelt, da Sie als Herr auf diese Weise dem Tanzen mit größerer Wahrscheinlichkeit erhalten bleiben, als es sonst der Fall sein dürfte.

Wenn Sie sich bei entsprechenden Gelegenheiten erfolgreich dazu aufgerafft haben, eine Dame aufzufordern, dann lassen Sie einen **beliebten Folgefehler: diese Dame daraufhin zu häufig aufzufordern** nach dem Verfahren „was einmal gut war, wird es auch viele Male sein." Wenn Sie nicht einen sehr stark begründeten Eindruck haben, dass diese Dame genau auf Sie gewartet hat und Sie von nun an immer mit den Augen sucht, gilt die Devise „in der Ruhe liegt die Kraft". An diesem Abend 1 bis 3-mal auffordern, reicht. Es gibt ja noch so viele andere Frauen, die tanzen wollen! Wenn die Dame nach dem ersten Tanz Ihren Augen ausweicht, dann war's das. Überlegen Sie in den nächsten Tagen, was Sie an sich verbessern können - wenn Sie viel Mut haben, fragen Sie die Dame selbst, sie wird meist unerwartet positiv und oft detailliert mit Verbesserungsansätzen reagieren.

11.2.3 Hinweise für die Tanzfläche

Im Gegensatz zur Vermeidung der Fallstricke einigermaßen unwichtig, folgen hier Tipps für den tänzerisch engagierten Herrn, der die Damen in seinen Armen dahinschmelzen sehen möchte.

Leider können Tanzschulen sowohl in den Anfänger- als auch in vielen weiteren Kursen keine echte Basis schaffen für ein verinnerlichtes **Taktgefühl, mit dem die Füße „von selbst" den richtigen Zeitpunkt finden**, ohne dass der Besitzer derselben noch nachdenken muss. Dazu wäre sehr viel mehr Zeit und wären mehr Korrektureingriffe des Lehrers im Grundschritt nötig, als die meisten Schüler mitmachen würden. Auch die Haltung, die Fähigkeit, den Schritt aus der Hüfte heraus mit kleinen Schritten und entsprechender Körperspannung zu gestalten, wäre im Grundschritt gut zu lernen. Aber wer würde schon einen ganzen Kurs so verbringen wollen? Die Schule wäre vermutlich recht schnell bankrott. Die Zeit wäre allerdings wiederum ziemlich gut investiert, denn wenn Taktgefühl und Körperspannung da sind, sind die Figuren ein Kinderspiel. Die oft über Jahre quälende Verhaspelei à la „Dein rechter

Fuß hätte jetzt frei sein müssen, warum trittst Du (Trottel) mich denn mit dem linken, hm?" wäre mit einem guten 10-Stunden Training im Grundschritt oft für immer erledigt. Schnappen Sie sich die Takttrainings-Video-DVD des Salsa-Kompendiums und fangen Sie an, den Takt sicher zu hören. Sie werden auch ohne Taktgefühl die Damen auf die Tanzfläche zerren können, aber wirkliches Anhimmeln werden Sie nicht erleben!

Bleiben Sie immer mal wieder ein ganzes Lied im Grundschritt, wenn die Partnerin damit einverstanden ist. Dabei versuchen Sie dann, den Takt zu spüren und zu halten. Wenn das gelingt, schauen Sie den Partner direkt an und üben, die Augen relativ zueinander ruhig zu halten. Sprechen Sie auch diese Übung mit Ihrer Partnerin ab! Das ist gar nicht so einfach, aber eine gute Übung, um elegant zu werden. Dann versuchen Sie im nächsten Schritt gemeinsam, dicht an einer Wand zu tanzen, **so dass die Wand hinter der Partnerin ist, und die beiden Augenpaare und die Wand zueinander ruhig zu halten.** Eine echte Herausforderung! Dann drehen, und die Partnerin Augen und Wand kontrollieren lassen. Diese Übung immer mal wieder durchführen, und im Laufe der Zeit kommt ganz automatisch eine gewisse Eleganz in die Sache. Merkwürdigerweise klappt es plötzlich auch mit dem Führen sehr viel besser, weil das Paar durch diese einfache Übung lernt, Körperspannung aufzubauen. Plötzlich können Sie Signale senden und diese kommen auch tatsächlich bei der Dame an!

Aus den gleichen Gründen wie beim Taktfinden genannt, tun sich Tanzschulen damit schwer, Führung beizubringen. Oftmals werden die Figuren auswendig gelernt und vielleicht sogar noch angesagt. Wenn Sie, lieber Herr, **Führungsstärke auch auf der Fläche** zeigen wollen, versuchen Sie, die Dame die Figuren in ungewohnter Reihenfolge ohne mündliche Ankündigung tanzen zu lassen. Dabei wird es am Anfang oft danebengehen, aber da müssen Sie durch. Später können Sie versuchen, die Figuren durch Improvisation abzuändern.

Beim Führen zeigen Sie der Dame frühzeitig an, was demnächst zu tanzen sein soll. **Sie sind der Dame immer ein klein wenig voraus** - so hat die Dame ausreichend Zeit, sich auf die kommende Bewegung einzustellen. Beispielsweise zeigen Sie schon bei „3" (u. a. durch druckloses Heben ihres linken Armes) an, dass die Dame bei „5" eine Rechtsdrehung machen soll. Unerfahrene Damen reagieren darauf schon einmal mit einem Frühstart - Sie können dem abhelfen, indem Sie die Dame mit der anderen Hand so lange (im Beispiel an ihrer linken Hüfte) festhalten, bis der richtige Zeitpunkt gekommen ist und Sie sie dann sanft in die Drehung schieben. Sie wird schnell das frühe Signal als freundliche Hilfestellung schätzen lernen. Wenn Sie als Paar besser werden, wird die Frühwarnzeit immer kürzer - eine weniger erfahrene Frau könnte den

Eindruck bekommen, dass Sie immer ein wenig vor dem Takt her tanzen. Das gilt aber nur für Ihre Arme, nie für die Füße!

Wenn wir Salsa als feurige Soße verstehen, dann nicht in dem Sinne, dass Sie die Dame als **Löffel zum darin herumrühen** verstehen. Kleine Führungsbewegungen, bei denen lediglich ein Startimpuls vermittelt wird und die Dame dann selbsttätig reagiert, ist das Ziel.

Wer kennt es nicht: eine Figur an einem Abend gelernt und fast sofort wieder vergessen! Ihr Pech als Mann ist, dass Ihre Qualitäten auch daran gemessen werden, wie interessant Sie den Tanz gestalten. Die aktive Kenntnis einer angemessen großen Zahl von Elementen und Figuren ist da auch wichtig. **Gehen Sie abends beim Einschlafen im Bett die frisch gelernte Figur noch einmal im Geiste durch**, das hilft schon enorm. Und am nächsten Abend vielleicht noch einmal. Wenn Sie zuhause einen Garderobenständer haben, üben Sie mit diesem Metallfreund. Dadurch wurde in meiner Bekanntschaft schon jemand zum Traummann!

Definieren Sie selbst eine kleine Figurensammlung, die Sie auf jeden Fall jederzeit aktiv können wollen und schreiben Sie sich wenigstens deren Namen auf einen Zettel. Wenn Sie einmal mit einem Namen keine Bewegung mehr verbinden, bitten Sie in der Tanzschule um ein kurzes Vortanzen. Meist reicht das schon. Glücklicherweise haben Sie ja dieses Buch vorliegen, was diese ganzen Mühen vermeidet - durch einen raschen Blick in das Inhaltsverzeichnis werden Sie sich meist schon erinnern, spätestens die Beschreibungen werden Ihnen jede Figur wieder in die Erinnerung rufen.

Um Figuren tanzen zu können, ist es oftmals nötig, eine Hand der Dame zunächst loszulassen und später wieder zu bekommen. Vom Grundprinzip her lässt er zunächst ihre Hand los und sie nimmt ihre Hand vor ihre Körpermitte, wenn ihr unklar ist, was kommt. Alternativ belässt die Hand wo diese ist, wenn sie den Eindruck hat, dass der Herr die Hand bewusst platziert hat. Die Entscheidung ist gar nicht so einfach! **Er hält ihr danach in jedem Fall seine Hand wieder neu hin und sie nimmt diese locker in ihre Hand.** Falls das nicht funktioniert, beispielsweise bei einer ungeübten Dame, kann er auch ihre benötigte Hand aktiv ergreifen. Dies führt aber zu einem weniger harmonischen Tanzstil, also nicht angewöhnen lassen, die Dame hat hier einen durchaus aktiven, nicht immer einfachen Part.

Die Dame kann am Anfang bei schnellen Drehungen und Figuren oft nicht ihre Richtung im Raum abschätzen. Zuviel Schwung, zu wenig Körperspannung, allgemeine Versagensängste bezüglich einer Drehung und und und. Hier ist souveräne Toleranz angesagt. Mein Grundprinzip: wenn ich den Eindruck habe, dass die Tanzpartnerin es wirklich versucht, ist **aller Grund zur kontinuierlichen Freundlichkeit und zu**

langfristig freundlichem Bemühen gegeben. Manche Damen erklären aber auch, dass sie mühelos ohne Eigenleistung einfach nur Spaß haben wollen (wozu der Herr dann zuständig sein soll). Auch das ist eine Einstellung, zu der es passende Herren gibt - wirklicher Spaß, leichte Eleganz und Souveränität wird es so natürlich nicht geben, was auch völlig in Ordnung sein kann.

Es ist für Ihr Ego nicht schädlich, **ab und zu auch einmal etwas auf der Tanzfläche auszuprobieren.** Bereiten Sie die Dame darauf vor, dass es gleich experimentell wird, und sie wird das positiv sehen. Bei mir hat es lange gedauert, viel Geduld bei den Damen erfordert und auch ein paar blaue Flecke, bis ich den Hook Turn oder gar den Hook Turn mit Doppeldrehung sicher ausführen konnte. Die Damen wissen das dennoch zu schätzen, denn so werden Sie ja wieder ein Stückchen besser und Sie zeigen, dass Sie nicht daran leiden, Ihr eine nicht vorhandene Perfektion vorspielen zu müssen.

Versuchen Sie immer wieder, den **Augenkontakt mit der Dame** herzustellen. So erhalten Sie eine gute Paarbalance. Schauen Sie nur dann in die weite Landschaft anderer Frauen, wenn Ihre Dame gerade wegschaut, weil sie in einer Figur nicht anders kann.

Beim Thema „**Gleichgewichtssinn**" gilt für die Herren das Gleiche wie für die Damen.

Ein bei einer ganzen Vielzahl Damen anzutreffendes Phänomen ist die Neigung der Dame, **ihre rechte Hand am Führungsarm der Herrn aufzuhängen**, um Kraft zu sparen. Wenn Sie als Herr dies durchgehen lassen, werden Sie nicht nur die Schlaffheit der Dame unterstützen, sondern es wird Ihr wichtiger Führungsarm an diesem Abend auch vorzeitig geschwächt. Wenn Sie mit der Dame häufiger tanzen wollen, gilt es zu reagieren. Als erstes können Sie sie einfach bitten, ihren Arm selbst zu halten. Meist hat die Dame selbst nicht bemerkt, was sie tut und wird sich danach erst einmal mehr anstrengen. Oft fällt die Dame jedoch schnell wieder in ihr altes Muster zurück. In diesen Fällen sorge ich dann durch möglichst unauffälliges Positionieren der linken Hand dafür, dass die Problematik offensichtlich wird. Viele Damenhände sind so schon zum größten Erstaunen der Partnerin plötzlich abgerutscht und in unergründliche Tiefen gefallen. Nach mehreren Wiederholungen schaffen es die betreffenden Damen dann meist, ihre eigenen Arme selbst zu halten.

11.3 Für TanzlehrerInnen - was Schüler erwarten (können)!

Vielleicht haben Sie sich schon einmal bei Kursen und Workshops leicht genervt gefragt, warum denn die Teilnehmer so etwas Einfaches schon wieder nicht blicken?

Als Teilnehmer und Beobachter mancher Kurse und Seminare habe ich selbst einiges mitgemacht und auch mit vielen Paaren, Tänzern und Tänzerinnen gesprochen, ein paar Ergebnisse finden Sie hier. Nehmen Sie heraus, was Sie anspricht! Die Mehrzahl der Punkte ist simpel und einfach zu verwirklichen - es ist beim Lesen kaum zu glauben, dass die tollsten Tänzer als Lehrer immer wieder diese gleichen „Böcke" schießen. Falls Sie alle unten genannten Punkte schon beachten, werden Sie ganz sicher eigenes Verbesserungspotenzial an anderer Stelle aufdecken, wenn Sie ein wenig nachdenken. Es würde mich freuen, hierzu Anregungen über meine Webseite www.salsa-kompendium.de zu erhalten.

Der folgende Abschnitt ist in zwei Themengebiete gegliedert: zum einen einige Gedanken zu Ihren Kunden und deren Motive, Wünsche und Träume und zum anderen Ergebnisse von Beobachtungen und Gesprächen, die Ihnen bei der Verbesserung Ihrer Schule hilfreich sein könnten.

11.3.1 Ihre Tanzschüler - das Wichtigste, was es gibt!

Salsa-Tanzlehrer sind meist selbst hervorragende Tänzer, denen das Erlernen kaum Mühe gemacht hat. Sie investieren viel Freizeit in die eigene tänzerische Entwicklung, sind mit voller Begeisterung dabei und werden immer häufiger gefragt, „wo man das lernen kann" - einige Paare werden so zur Gründung einer eigenen Tanzschule geführt. Meist stellt sich dann schnell heraus, dass die gute Vermittlung der Fähigkeiten eine mindestens genau so große Herausforderung ist wie das Erlernen der Fähigkeit. Die besseren Tänzer sind manchmal genau aus diesen Grund leider die schlechteren Lehrer.

Als Basis für die im Folgenden notierten Punkte fühlen Sie sich bitte einmal in den geistigen und körperlichen Grundzustand der Tanzschüler ein. Was wollen die eigentlich *wirklich*? Was sind deren Möglichkeiten und Potenziale? Hier eine Auswahl möglicher Antworten, ganz sicher nicht vollständig und auch nicht repräsentativ. Gemeinsam mit Ihren persönlichen Erfahrungen für Sie strategisch richtig strukturiert dürften die Hinweise bei Beachtung erhebliche Auswirkungen auf die Gestaltung von Kursen, Workshops, die Werbung hierfür und Ihren Erfolg als Tanzschule und Tanzlehrer haben. Zunächst einige mögliche Ausgangssituationen von Tänzern und Paaren:

Der Kurs findet statt nach einem **harten Arbeitstag** - 9 Stunden hektische Telefonate und gegen Abend noch 15 offen gebliebene Aufgaben im Kopf, die morgen früh als erstes erledigt werden müssen. An einem Sonntag Abend könnte hier von einem solchen Teilnehmer locker das $1^1/_2$- bis 2-fache Übungsprogramm verkraftet werden - in der Woche aber nicht!

Die deutsche kulturelle Identität, die durch eine vergleichsweise größere „Verkopfung" im Vergleich zur afrikanischen oder südamerikanischen Kultur gekennzeichnet ist. Beispielsweise lernen auf Kuba die meisten Tänzer durch Hinsehen und Nachmachen, also ohne dass der Lehrer auch nur den kleinsten Gedanken an didaktische Konzepte verschwenden müsste. Wir in Deutschland hier benötigen **Schritte und Figuren in kleinste, wohldefinierte Häppchen zerlegt und angepasst erklärt.** Auf diese Weise werden Sie die Salsa besser vermitteln können.

Da gibt es das Paar, bei dem **die Frau Beziehungsarbeit leistet** und den Mann mehr oder weniger sanft in den Kurs zwingt. Dieser Herr wird vielleicht sowohl beweisen wollen, dass er gutwillig ist, als auch, dass Tanzen nun einmal nicht in seiner Natur liegt.

Das Paar, welches einen Abend in der Woche „mal herauskommen" möchte, weg von Kind und Fernseher. Einmal **andere Menschen treffen** und dabei noch ein wenig entspannt körperlich aktiv sein - aber ohne Stress!

Der **einsame Herr** mit wenig Zugang zum weiblichen Geschlecht, für den Tanzen Mittel zum Zweck sein kann. Er wird dies allerdings klugerweise nur selten so aussprechen.

Die Frau, die in erster Linie Spaß an der Musik und dem Tanz hat und sich einen Tanzpartner wünscht - der dann bitte auch nur genau dies wollen und nicht nerven soll. Sie wiederum spricht klugerweise andere Gedanken nicht aus: falls er gefällt und sich lange genug zivilisiert verhält...

Die Menschen, die einfach mal **in einer Gruppe mit anderen Menschen quatschen** wollen, in der Pause oder nach dem Kurs zum Beispiel.

Das **hochmotivierte, begabte jugendliche, attraktive Paar**, das sich mit vollem Elan, großer Aufnahmefähigkeit und viel Freizeit voll in die Salsa stürzt - und tatsächlich den Tanz meint. Das gibt es auch.

Die Liste ließe sich noch deutlich verlängern, schauen Sie sich um und vervollständigen Sie sie mit Ihren eigenen Beobachtungen. Je besser Sie die Motivation Ihrer Mitmenschen verstehen, desto mehr können Sie ihnen für ihr Geld an Leistung zurückgeben. Nur der kleinste Teil ist „gutes Vortanzen". Überlegen Sie auch, wie ein realistischer

„Wunschkunde" aussieht und legen Sie Ihre Tanzschule daraufhin aus. Diese strategischen Betrachtungen können für Sie den Durchbruch im Erfolg bringen - hierzu einmal einen bezahlbaren externen Berater heranzuziehen, der das Metier ein wenig kennt, kann sich rechnen!

Nun aber zu den versprochenen Beobachtungen und möglichen Abhilfemaßnahmen, letztere werden nur genannt, wenn diese nicht zu offensichtlich erscheinen.

11.3.2 Praktische Tipps für Tanzschulen - eine Checkliste

Auf einer größeren Workshop-Veranstaltung überraschte man die ausschließlich deutschen Teilnehmer dadurch, dass der kubanische Tanzlehrer seine **Anweisungen in spanischer Sprache** über eine ausnehmend lautstarke Musikanlage verkündete. Die Übersetzung kam, dünn und kaum hörbar, von den Lippen einer zweisprachigen Vortänzerin, die dann auch noch kaum Zeit für Formulierung und Aussprache hatte, weil der Kubaner schon von seinem Elan in die nächsten Sätze getrieben wurde. Die Sache ging zur allseitig größten Überraschung schief, der gewünschte Effekt des Gruppentanzens (Rueda) kam nicht befriedigend zustande.

Bei einem ähnlichen, mehrtägigen Training wurde auch der häufigste zur Frustration führende Ansatz gewählt: **Überforderung der Teilnehmer**. Eine Bandwurmfigur, die nach 3 Stunden Training immer noch nicht auch nur halbwegs lief, ließ die Teilnehmer einigermaßen ratlos zurück. Das ist aus mehreren Gründen sehr schade: die Veranstalter und Lehrer sind hoch engagiert, geben sich alle erdenkliche Mühe und wollen unbedingt möglichst viel beibringen und scheitern an ihrem eigenen, hohen Einsatz und Elan. Die Schüler gaben ihr Bestes und wurden für nicht gut genug befunden. Allseitiger Frust war die Folge.

Einen der besten Workshops durfte ich einmal bei einem Salsa-Lehrer von absolutem Weltrang, einem ehemaligen Weltmeister, erleben. Wichtige Tipps, Hinweise, nie gehörte und sehr wichtige Grundlagen sowie das Beibringen einer langen und schwierigen Figur erfolgten parallel und mit großer Schlagzahl - **wirklich hochklassiges Wissen!** Für Wettkampftrainer oder werdende Salsalegenden wäre das ein idealer Nachmittag gewesen, für die anwesenden Feierabendtänzer aber im großen und ganzen vertane Zeit. Warum nicht vorher beim Veranstalter fragen, wie erfahren das Publikum ist oder die Besucher fragen, was sie sich für die Veranstaltung wünschen und dies zumindest in Betracht ziehen?

Dabei wäre die Abhilfe durchaus möglich. Nehmen Sie sich erst einmal eine Figur oder eine Bewegung vor, die Sie beibringen wollen. Also wie immer, einen viel zu langen, komplizierten und kaum schaffbaren Bewegungsablauf. Dann machen Sie es wie gute Bergführer: vor Beginn der Tour **suchen sie nach Möglichkeiten für einen vorzeitigen Abbruch,** falls Unwetter drohen, bei Unfällen oder Schächeanfällen der Teilnehmer. Als Tanzlehrer machen Sie es genau so. Definieren Sie vorab für sich selbst mehrere Möglichkeiten, die Figur für die Teilnehmer unmerklich abzukürzen und wieder in den Grundschritt zu gehen. Wenn erforderlich, schließen Sie die Figur dann vorzeitig so ab, dass die Leute ihr Erfolgserlebnis bekommen.

Finden Sie vor der Veranstaltung heraus, wer da kommen soll. Sind es geübte Showtänzer, engagierte Amateure oder Einmal-die-Woche-dem-Fernseher-entkommen-Feierabendtänzer? Dann wissen Sie schon, wie Sie den Unterricht auslegen müssen. Vielleicht haben Sie Glück und ein anderer Tanzlehrer hat die erste Stunde? Schauen Sie sich das in aller Ruhe an und passen Sie Ihren Unterricht an!

Eine uralte und auch nach neuesten Erkenntnissen gute Regel ist es, **dass der durchschnittliche Mensch sich rund 45 Minuten angestrengt konzentrieren kann.** Wenn dann keine Pause kommt, geht es abwärts. Die meisten didaktisch unausgebildeten Lehrer spüren die beginnende Abwesenheit der Menschen und scheinen dies als Langeweile zu interpretieren. Jedenfalls konnte ich oft bemerken, dass dann die Sprachgeschwindigkeit ansteigt, genau wie dasTempo der beigebrachten Figurenelemente. Man muss ja noch fertig werden! Mehr hierzu unter „Allgemeine Didaktik" im Bücherregal, welches jeder gute Tanzlehrer natürlich durchgeackert hat.

Kaum ein Lehrer schafft es, mit einer Vision zu motivieren. Geht es nicht vielleicht tatsächlich eher darum, den verborgenen, innersten Wünschen der Menschen entgegenzukommen, als fachlich korrekt eine möglichst große Zahl an Figuren zu vermitteln? **Die mühsam auswendig gelernte Figur ist nicht der Tanzspaß, um den es geht!** Für manche ist ein Tanz mit passendem Partner „besser als guter Sex". Wer als Tanzlehrer nebenbei vermitteln kann, dass es so etwas irgendwann einmal geben könnte, hat schon gewonnen. Die Schüler werden auch den zukünftigen Spaß sehen und kleinere Anstrengungen und Lästigkeiten im „jetzt und hier" lockerer überwinden. Dieser Punkt dürfte allerdings keiner der einfach zu realisierenden Hinweise sein, sondern eher das Tüpfelchen auf dem „i" der sehr guten Tanzschule.

Wenn Sie ankündigen, etwas tun zu wollen, **halten Sie Ihre Versprechen.** Es gibt nur wenige Möglichkeiten, schneller Respekt und Vertrauen der Schüler zu verspielen als mit Ankündigungen wie „Nächstes Mal bringe ich ... mit", „Nächstes Mal wiederholen wir..." oder „Ja, mache ich", die dann nicht realisiert werden. Die Schüler werden Sie nur ganz selten direkt erinnern - und gerade deswegen sind die Folgen für Sie so schlimm. Lassen Sie unnötige Versprechungen, sagen sie klar, wenn Sie etwas nicht wollen und finden Sie ein Verfahren, das Sie an die Einhaltung Ihrer Versprechen erinnert.

Immer wieder werden **Tanzlehrer gegenüber den Schülern spürbar ungehalten**, wenn letztere im Unterricht nicht mitkommen. Schüler zahlen mit Geld und Zeit und haben einen respektvollen Umgang verdient, ein Unterricht auf „Gutsherrenart" ist jedenfalls unangemessen und zeugt von beachtlicher Arroganz seitens des Lehrers. Der Schüler zeigt viel Mut, indem er sich diesem für ihn ungewohnten Gebiet aussetzt! Wenn ein Paar oder ein einzelner Schüler nicht in Ihre vielleicht sehr leistungsorientierte Schule passt, wird das trotz aller Freundlichkeit schon bemerkt werden und man wird entweder Einzelunterricht nehmen oder die Schule wechseln. Wenn zu viele Schüler nicht hineinpassen oder keine weiteren Kurse buchen, ist dagegen etwas mit dem Lehrer oder seinem Werbeauftritt unpassend. Qualität ist, wenn der Kunde wiederkommt!

Ich hatte einmal während des Unterrichts nebenbei und möglichst unauffällig nach einem Detail einer Figur gefragt, das ich nicht verstanden hatte. Der Lehrer versuchte herauszufinden, was ich meinte, die Diskussion bekam immer mehr Aufmerksamkeit von der Gruppe. Als alle zuschauten, meinte der Lehrer dann „**Zeig mal die Figur, ich sage dann, was falsch ist**". Nun, von den anderen Teilnehmern kam keine Frage mehr an diesem Tag, wer will schon vor der gesamten Gruppe so bloßgestellt werden? Individuelle Korrekturen einzelner Tänzer immer leise und nur für denjenigen hör- und spürbar, den es betrifft!

Falls Sie bemerken, dass mehrere Tänzer ein gleiches Problem haben, **zeigen Sie die Korrektur einfach als Unterrichtsabschnitt der ganzen Gruppe**, ohne die Einzelpersonen kenntlich zu machen. Die Teilnehmer, die es schon können, werden sich zwar fragen, was das nun schon wieder soll, werden aber selbst oft bei anderen Gelegenheiten diese Ergänzung zu schätzen wissen.

Wenn es wirklich einmal mit einem Schüler so schwierig werden sollte, dass der Spaß und Lernerfolg anderer Schüler gefährdet wird, **kann es und sollte es (!) ein Gespräch mit ausgesprochenen Klarheiten nur unter 4 Augen geben**, niemals vor der Gruppe! Wie sie in Mitarbeiter- und kritischen Kundengesprächen sinnvoll vorgehen können, erfahren Sie in entsprechenden Kursen oder im Zweiergespräch mit einem ausgebildeten Coach.

Wenn Sie Figuren lehren, dann lehren Sie diese immer auf dieselbe Art und Weise. Wenn eine benannte Figur mal so, dann wieder abgewandelt wiederholt wird, bringt das den meisten Schülern nur Frust, der dann nach dem Unterricht untereinander wortreich ausgetauscht wird. **Der „Normalschüler" ist in der Regel heilfroh, wenn er endlich eine Figur verinnerlicht hat und eigenständig tanzen kann -**

das ist ein **wichtiges Erfolgserlebnis**, das Sie Ihren Schülern ausführlich gönnen sollten. Notieren Sie die von Ihnen beigebrachten Figuren genau und wiederholen Sie diese im Unterricht immer wieder, bis die Schüler diese Figuren lässig tanzen können. So haben alle Spaß, viele Erfolgserlebnisse und bauen schnell einen gesicherten Fundus auf.

Als Denkmodell ist es für gute Tänzer ratsam, sich darüber klar zu sein, dass sie erst einmal von Natur aus die schlechteren Lehrer sein könnten. Sie müssen sich **„herabdenken" in Problemwelten, die Ihnen selbst oft noch nie im Wege gestanden haben oder lange vergessen sind**. Während Sie selbst den Takt einfach immer schon im Gefühl hatten, fehlt anderen Menschen diese Fähigkeit vielleicht völlig. Diese benötigen hierzu möglicherweise eine Erklärung auf einem großen Blatt Papier (so hatte ich einmal sowohl als Schüler als auch später als Lehrer ein gutes Erfolgserlebnis) oder müssen die Musik mehrmals über Wochen hören und den Takt immer wieder unter Anleitung finden. Wenn Schüler bei Ihnen irgend etwas schlecht lernen, haben Sie, Frau oder Herr Lehrer, noch nicht den Weg gefunden, es ihnen richtig beizubringen. Denken Sie sich in die Teilnehmer ein, fragen Sie in der Pause intensiv nach und versuchen Sie es immer wieder auf eine andere, neue Weise. Die Takttrainings-Audio-CD des Salsa-Kompendiums ist genau zu diesem Zweck komponiert worden!

Manchmal hakt es an Dingen, deren Einfachheit kaum zu überbieten ist: Pünktlichkeit und Organisation. Beginnt ein Kurs z. B. um 19:30 h, dann werden die anwesenden Teilnehmer begrüßt und es geht los, wenn der große Uhrenzeiger auf die „6" rückt. Wer hier schlampt, erzieht die Schüler zur Unpünktlichkeit. Niemand ist gern der pünktliche Depp, so kommen alle später, und noch später und dann gar nicht mehr. Und sind dazu noch verärgert. **Die Zeit Ihrer Kunden ist wertvoll**. Wer damit nachlässig umgeht, zeigt, dass er die Menschen nicht respektiert. Ich habe einen Tanzlehrer erlebt, der in den Unterrichtsstunden häufiger Telefonate führte - kaum möglich, den Teilnehmern mehr Geringschätzung zu zeigen.

Spannend war es bei einem didaktisch recht guten Workshop zu erleben, dass vom Lehrer ganz locker gegen Ende ein **mentaler Löschvorgang** eingeleitet wurde. Nach einer nur ein wenig zu schweren Figur, die immerhin über die Hälfte der Teilnehmer gerade eben so schaffte, schaute der Tanzlehrer auf die Uhr, meinte „Hey, wir haben ja noch 5 Minuten übrig" und begann eine neue Sache in einem anderen Tanz. Warum nicht einfach in freies Üben übergehen und die Paare einzeln unterstützen? Die guten Paare können die Figur in dieser Zeit mehrmals üben und so im Kopf zementieren und automatisieren, die anderen haben so noch eine echte Chance, die Figur noch voll mitzubekommen. Auch hier ist der Fehler die eigentlich löbliche Absicht, die Zeit unbedingt so voll wie möglich packen zu wollen und sein Geld wert zu sein.

Der Frustpunkt, den ich vielleicht am häufigsten gehört und auch selbst erlebt habe, ist **„Vergessen sobald gelernt"**. Für mich war dies ein wichtiger Auslöser, dieses Buch zu beginnen. In Tanzschulen wird oft eine Figur an die andere gereiht, oft sogar ohne durchdachte Namensgebung. Nach einer gut gefüllten Arbeitswoche ist diese Figur dann natürlich wieder aus dem Hirn verschwunden. Erst nach vielen Wochen der Wiederholung ist das durchschnittliche Paar fähig, in der abendlichen Tanzparty eine solche Figur aktiv und ohne Anleitung zu tanzen. Das dauert viel, viel länger als man glaubt! In mancher Schule wird aber auch nur einfach eine Figur nach der anderen beigebracht, vorsichtshalber ohne durch konsequente Wiederholung zu prüfen, ob die letzten Figuren noch „sitzen". Irgendwann würden Wiederholungen allerdings die gesamte Tanzstunde füllen, was ja auch nicht Sinn der Sache ist. Aus diesem Bedarf heraus wurde dieses Buch entwickelt. Erstes Ziel des Konzeptes dieses Buches ist es, vom Lehrer zu wählende Basisfiguren den Schülern so „einzuprägen", dass diese sicher sitzen. Die Schüler sind so auf nächtlichen Tanzflächen souverän, haben ihre Erfolgserlebnisse und entwickeln so auch die Lust auf mehr. Später kann ein Blick in das Inhaltsverzeichnis die Frage „Was habe ich denn noch so gelernt" klären und die Beschreibungen helfen dann bei der Erinnerung. Als letzter Rettungsanker gilt natürlich immer der Tanzlehrer.

Wir hier in Deutschland benötigen in der Regel nicht nur detaillierte Erläuterungen zu Schritten und Figuren, sondern auch eine Zerlegung der Figur in einzelne Takte. Werden innerhalb eines Taktes **zugleich schwierige Schritte und komplexe Armbewegungen** zu lernen sein, wird dies am besten getrennt gelehrt: im Stillstehen die Armbewegungen, dann nur die Schritte. Sind Arm- und Beinbewegungen getrennt automatisiert, geht es zusammen meist auch schon ganz gut. Es ist allerdings zu beachten, dass manche Elemente von vorab aufgebautem Schwung oder Körperspannung leben. Dies auseinanderzunehmen kann manchmal unumgänglich sein, sollte aber später dann mit einem passenden Hinweis sinnvoll zusammengeführt werden.

Sehr hilfreich für die Schüler ist es auch, in passenden Momenten **von „5-6-7" zu wechseln auf eine bedeutungsvollere Zählweise wie „Rechts-und-stehn"**. Das gut zu machen, bedeutet immer einigen gedanklichen Aufwand für den Tanzlehrer, hilft aber enorm. Einige Tanzlehrer entwickeln da eine beachtliche Kreativität, hier zusätzlich noch gekonnten Witz hineinzubringen - das Ergebnis von sowohl harter Arbeit als auch momentaner Kreativität, die in gewissem Maße übrigens erlernbar ist. Ein kleines Beispiel: die Bewegung klappt bei kaum einem Paar, was der Lehrer schon vorher ahnt - anstatt „5-6-7" also „und-ver-wirrt" kann schon zu kleineren Lachern führen.

Bei der Salsa bereitet den meisten Schülern das **Einhalten der Pause** die größten Probleme. Dem Lehrer ist meist keine Pause anzumerken, da schwingt die Hüfte, es gibt Zwischentaps, der Schritt auf „3" wird in die „4" hineingezogen und so weiter. Schüler schaffen das so natürlich nicht und fangen meist zur größten Verwunderung der Lehrer an, den Schritt von „5" in die „4" hereinzuziehen und so in das Verhängnis zu laufen. Hilfreich kann es sein, im Unterricht eine „harte Pause" einzuführen. Also bei „4" und „8" die Teilnehmer ab und zu einmal absolut stabil und bewegungslos stillstehen zu lassen. Erst wenn alle Paare ihre gemeinsame Stabilität gefunden und mit dem Torkeln aufgehört haben, geht es weiter. Es ist beachtlich, wie gut auf einmal das Takt- und Stabilitätsempfinden wird!

Bei größeren Gruppen kann es schwierig sein, eine gute Sichtbarkeit für alle Teilnehmer zu erreichen. Bewährt hat sich dann das Konzept, zwei Reihen hintereinander zu bilden und diese häufig **rollieren zu lassen**. So kommt jeder mal nach vorn, sieht gut bzw. kommt auch nach hinten, um einmal etwas unbeobachtet versuchen zu können. Dass es keine gute Idee ist, sich genau in die Reihe der Tanzschüler zu stellen, wird jedem aufmerksamen Lehrer sofort klar, wenn er die angestrengten Kopfgymnastikübungen der Schülerpaare im verzweifelten Versuch beobachtet, die Füße der Vortänzer zu sehen.

Wenn die Gruppe die Figur schließlich gerade eben so erlernt hat, und ein Rollieren nicht sinnvoll erscheint, kann es hilfreich sein, mit der Ausrede „wir gehen mal an die andere Seite des Raumes, damit die dort auch etwas sehen können" die **Ausrichtung der Gruppe im Saal zu ändern**. Plötzlich wird die neu gelernte Figur wieder etwas schwieriger für die Teilnehmer aufgrund des geänderten Umfeldes. Dafür sitzt sie aber danach auch besser und kann leichter in völlig anderen Umgebungen angewandt werden.

Was selten in der Tanzschule geübt wird, ist das **Überleben auf enger Tanzfläche**, ohne sich zu viele Feinde zu machen. Jeder Autofahrer lernt, vor dem Abbiegen einmal kurz in die beabsichtigte Richtung zu schauen, um Unfälle zu vermeiden. Beim Tanzen scheint es bisweilen aber eher so zu sein, dass die Dame blicklos irgendwohin geschleudert wird, sie selbst auch nicht in die Flugrichtung schaut, kraftlos den Arm lang lässt, sich am besten noch mit der Schulter weit ausdreht und dann noch den freien Arm nach hinten schwingt - und prompt in ein Nachbarpaar kracht oder einer alten Feindin die Augen aussticht. Um zu lernen, kleine Schritte zu machen und den mit dem Partner verbundenen Arm bei Bedarf eng angewinkelt zu lassen und so nah zu bleiben, sind eine ganze Menge auch lustiger Übungen in der Schule denkbar - auf Ihren Parties wird es dann jedenfalls weniger blaue Flecken und Fußtritte geben als auf den von anderen Schulen. Und der

Tanzstil wird deutlich verbessert, weil so Körperspannung und Beherrschung gelernt wird. Hilft in vielen Lebenssituationen!

Eine herausgenomme Anregung zum **Beibringen von kleinen Schrittweiten.** Spannen Sie längs zu einer Längswand Ihres Tanzsaales in Hüfthöhe ein Band, etwa wie Sie es von den Check-In-Schaltern an Flughäfen kennen. Lassen Sie nun die Paare innerhalb dieser engen Begrenzung tanzen, zuerst die Herren mit dem Rücken zum Band und die Dame mit dem Rücken zur Wand und sagen Sie als Spielregel, dass zunächst „Weder Wand noch Band berührt werden dürfen". Manche Damen werden dann bei jedem Schritt mit dem Fuß an die Wand dengeln und damit aber auch ganz schnell aufhören. Dann gibt es einen Seitenwechsel und die Herren können sich beweisen. Vermeiden Sie es, anstatt des Bandes in Hüfthöhe Dinge in Fußhöhe anzubringen, wenn Sie keine Verletzungen durch unfreiwillige Rückwärtssaltos in Ihrer Schule haben wollen. Alternativ zum Band können Sie Stühle verwenden und dort jeweils einen Teilnehmer als Gewicht Platz nehmen lassen. So wechseln, dass jeder einmal an der Reihe ist!

Bei der Salsa, deren Hauptprotagonisten und Lehrer für Workshops oft aus lateinamerikanischen oder afrikanischen Ländern kommen, wird der unterschiedliche Umgang mit der Zeit und die daraus folgenden Konsequenzen kaum beachtet. Beispielsweise ist das relativ präzise Einhalten von Terminen, wie wir es in Deutschland kennen, dort wenig verbreitet. Dagegen leben diese Kulturen intensiver und konzentrierter in der Gegenwart. Sie lernen Tanzen so schneller als wir, die wir ständig viele vergangene und zukünftige Termine im Kopf haben, was manchmal sehr praktisch ist, uns aber von der Gegenwart bisweilen etwas ablenkt. **Dies erschwert, zusätzlich zur sprachlichen Problematik, den Unterricht zwischen den Kulturen** und erfordert enormes Einfindungsvermögen, wenn allgemeine Zufriedenheit herrschen soll. So manche Formulierung kann gar nicht verstanden werden, weil gedankenlos von einem falschen kulturellen Hintergrund ausgegangen wird. Denken Sie daran, welche Denkstrukturen Ihre Schüler haben, wenn Sie sie erreichen wollen!

Was mir immer wieder auffällt und gesagt wird, ist, dass kubanische Tanzlehrer und Tanztruppen herumgehen und **die SchülerInnen auch während der Parties ohne persönliche Präferenzen hinsichtlich der Attraktivität zum Tanz führen.** So kommt jeder mal auf die Fläche und meist finden sich so auch mehr Paare zwischen den Schülern, wird es doch offensichtlich, wie und dass Auffordern funktioniert. Bei westlichen Lehrer-Grüppchen auf Workshops habe ich sehr viel häufiger beobachtet, dass diese unter sich bleiben und den Eindruck erwecken, eher von den Teilnehmern auf abendlichen Parties bewundert werden zu wollen. Auch mit der Folge, dass sich Anfänger kaum noch auf die Fläche wagen und so manche unglückliche Bemerkung über diese

„selbstverliebten Narzisten" von Tanzlehrern fällt. Liebe Leute: auch für die Stimmung auf den abendlichen Parties seid Ihr als Lehrer zuständig und es ist ja eigentlich so einfach!

Selbstverständlich sollte die **Auswahl einer für die Teilnehmergruppe geeigneten Musik** sein. Wie leicht sind Takt und Schlag hörbar? Wie schnell ist der Takt? Können die Teilnehmer mich noch gut hören trotz der Musik? Diese Punkte sind jedem Tanzlehrer bewusst, gehen manchmal aber dennoch schief. Deshalb: mit den Ohren der Teilnehmer hören!

Als engagierter Salsalehrer ist es selbstverständlich, dass Sie die Schüler **immer wieder mit neuen Musiktiteln überraschen.** Langeweile kommt auch durch zu häufige Wiederholungen von Musiktiteln zustande, und Langeweile verzeihen Schüler nicht! Hinzu kommt, dass Sie durch immer neue Titel den Eindruck erwecken, Sie seien immer aktuell am Puls der Zeit - und nicht jemand, der von der Vergangenheit und von alter Musik lebt!

Bei der Salsa haben wir Europäer und besonders wir Deutschen das Problem, dass **die Musikinstrumente bei der Salsa zwar in den Schritt hineinführen, jedoch nicht zu jedem Schritt ein deutlich hörbarer Schlag der Instrumente kommt,** so wie etwa beim Wiener Walzer oder anderen europäisch tradierten Tänzen. So fällt es auch vielen Tänzern, und nicht nur Anfängern, sehr schwer, den Takt zu hören. Ein Mittelmaß zu finden zwischen dem Vermitteln vieler Figuren, wie von den Tanzschülern oft gefordert, und einer meist nur mühsam zu erlernenden Takt- und Haltungsbasis ist ein wichtiges Prinzip erfolgreicher Tanzschulen. Die Takttrainings-Audio-CD zu diesem Buch soll Ihnen als Tanzlehrer ein wichtiges Werkzeug zur Vermittlung eines guten Taktgefühls sein.

Wenn Sie sich einmal selbst beobachten - oder andere Personen ihres Vertrauens um deren Einschätzung bitten: sprechen Sie eher langsam oder schnell? **Beanspruchen Sie in einem Gespräch eher mehr als die Hälfte der Redezeit oder sind Sie eher ein Zuhörer?** Welche Art von Worten verwenden Sie? Eine lokal sehr erfolgreiche, politische Satiretruppe aus Nordrhein-Westfalen blieb in Stuttgart mit ihren Auftritten zunächst völlig ohne Lacher - bis sie das gleiche Programm von 90 Minuten auf zwei Stunden ausdehnte. Danach liebte das schwäbische Publikum sie genau so wie in der Heimat und schüttelte sich vor Lachen. Ihr Erfolg als Tanzlehrer hängt also von Ihrer Fähigkeit ab, mit den Menschen auf deren Ebene zu kommunizieren, was in Seminaren erlernbar ist.

Um die Aufmerksamkeit und Konzentration der Schüler zu verstärken, kann es sinnvoll sein, ab und zu den bekannten Gruppentanz **„Rueda"** einzuführen. Dabei stellt sich die Gruppe paarweise im Kreis auf und macht auf Ihren Zuruf als Tanzlehrer hin gleichzeitig Figuren und reicht möglicherweise die Damen im Kreis herum. Dies schafft Druck auf die Teilnehmer, niemand möchte die Rueda „ruinieren". Achtung: der Erfolg hängt davon ab, dass *alle* Teilnehmer die Figuren schaffen können. Wenn es ab und zu schief geht, ist das immer sehr lustig. Wenn zuviel nicht funktioniert, wird es frustrierend. Der Erfolg hängt wieder vom Lehrer ab, der die Figuren sorgfältig wählt, vorher einzeln im Unterricht trainiert hat und die meist erschreckend lange Reaktionszeit der Menschen in die Überlegungen mit einbezieht.

Bei Tanzlehrern erlebe ich häufig, dass die Zählweise „quick-quick-slow" sich im Tempo nicht vom gezählten „1-2-3" unterscheidet, das „slow" sich also nicht über „3-4" erstreckt und zu einem „slooooooow" wird, sondern kurz bleibt. **Verwenden Sie die „quick-quick-slooooooow"-Zählweise nur, wenn Sie sie auch anzuwenden verstehen.** Sie müssen diese Peinlichkeit ja nicht herausfordern.

Witze zur Auflockerung sind gut, wenn sie gut sind und nicht wiederholt werden. Sonst lieber weglassen. Leider sind gute, witzige Bemerkungen mit Lachern wichtig für Ihren Erfolg. Entweder schauen Sie sich bei anderen guten Lehrern danach um, wie dort Späße beschaffen sind, oder Sie entwickeln eigenen Witz durch Versuch und Irrtum. Glücklicherweise treten in Ihrem Unterricht ja die gleichen Situationen immer wieder auf, so dass Sie sich zuhause in aller Ruhe Kommentare überlegen können. Diejenigen, die gut wirken, behalten Sie in der Erinnerung. Vielleicht schreiben sie diese sogar auf und wenden sie bei neuen Schülergruppen an.

Die Teilnehmer von Single- und Paarkursen sind unterschiedlich motiviert. Bei Singlekursen ist es vermutlich richtig, häufig Partnerwechsel durchzuführen, damit sich die Teilnehmer kennenlernen und so vielleicht den Wunschpartner für höhere Kurse finden. Bei Paarkursen kommen die Paare in erster Linie, um miteinander zu tanzen. Vielleicht um eine alte Liebe neu zu entfachen, vielleicht als Teil einer neuen Liebe, weil nach jahrelanger Suche endlich der richtige oder wenigstens erträgliche Tanzpartner gefunden wurde oder warum auch immer. Auch hier ist Partnertausch für den Tanzstil zweifellos von Bedeutung, achten Sie aber darauf, dass hier mindestens zwei Drittel der Zeit die eigentlichen Paare miteinander tanzen - denn darum geht es im Paarkurs, für manche Teilnehmer ist genau das vielleicht sogar das Wichtigste am Abend und in der Woche! Immer mal wieder den Zaubersatz sagen: **„Zurück zum eigenen Tanzpartner!"**.

Motivieren Sie Ihre Schüler zum **Aufnehmen der Figuren mit der Videokamera** - auch im Kurs. Sie könnten den Kurstag auch für die Teilnehmer aufnehmen und die DVDs verkaufen. So lernen die Schüler besser, weil sie es sich zuhause noch einmal ansehen können und bleiben länger bei Ihnen. Ihr Erfolg als Tanzlehrer beruht nicht auf auswendig gelernten Figuren in begrenzter Zahl, sondern auf Ihrer magischen Austrahlung, daher bedeuten die Videoaufnahmen kein Risiko für Sie!

Gerne werden den Schülern Figurenfolgen beigebracht, um zu zeigen, dass die einzelnen Figuren auch ohne Grundschritt und -haltung dazwischen kombinierbar sind. Wenn Sie eine Folge beibringen möchten, die Sie sich im vorhinein ausgedacht haben, dann zeigen Sie aber bitte auch genau das, was Sie beibringen möchten. **Zwischendurch immer wieder rasch verschiedene Variationen zu zeigen, verwirrt** die Schüler unnötig und macht das Erlernen sehr schwierig. Wenn alle Schüler des Kurses die Folge tanzen können, dann erst ist frühestens der Zeitpunkt gekommen, um eindrucksvoll zu demonstrieren, dass alles ja auch noch vielfach anders ablaufen könnte. Halten Sie diesen Teil aber bitte kurz und ohne sich dem Verdacht auszusetzen, ausschließlich Ihr unglaubliches Können demonstrieren zu wollen.

Immer wieder spannend ist es, sich anzusehen, **welche Musikstücke von Tanzlehrern für die jeweilige Schülergruppe ausgewählt werden.** Komplexe, kaum hörbare Rhythmen für Anfängergruppen sind da ein typischer Fall, eine hektische Suche nach einem passenden Stück die Alternative dazu. Es kann hilfreich sein, sich eine Liste der Musikstücke anzufertigen, z. B. nach dem folgenden Muster:

Titel und Interpret der CD: *„El Caracol" von „The Cowbellsingers"*			
Nr.	**Schwierigkeit**	**Tempo**	**Bemerkung**
1	*5*	*3*	*Ab 0:53 gute Cowbell für 60s*
4	*2*	*8*	*Bei 1:15 kann die „1" durch Posaune gut gehört werden*
6	*2*	*3*	*Ideal für Anfängerkurs*
10	*9*	*4*	*Für Schule kaum brauchbar, super für Show und Choreografie*
...			

Tabelle 11.1: *Titelliste für die Tanzschule, geordnet nach vorhandenen CDs*

oder

Ziel der Zusammenstellung: *Titel für den Anfängerkurs, langsam und Takt gut hörbar*		
Auf CD	**Lied-Nr.**	**Bemerkung**
„El Caracol" von „The Cowbellsingers"	*6*	*Das gesamte Stück gut geeignet*
...		

Tabelle 11.2: *Titelliste für die Tanzschule, geordnet nach Lehrzielen*

Oder Sie erstellen sich aus Ihren Original-CDs eine Sammlung, angepasst und gekennzeichnet für die jeweiligen Kurse.

Während die meisten Menschen ausgesprochen kritik*fähig* sind, besonders im Stillen, **sind sie nur im seltenen Ausnahmefall kritik*verträglich*.** Schon das letztere Wort ist in seiner Bedeutung kaum bekannt, meint es doch die seltene Eigenschaft, aus Kritik positiv zu lernen und sich dadurch zu verbessern. Gute Unternehmen bitten heute um Kritik, z. B. in Feedbackbögen, die auch anonym abgegeben werden können. Also montieren Sie einen Kasten an den Eingang der Tanzschule. Dieser darf vom Tanzlehrer <u>nicht</u> einsehbar sein, um eine wirkliche Freiheit in den Äußerungen zu erreichen! Bitten Sie um Verbesserungsmöglichkeiten, werfen Sie die Zettel der notorischen Meckerer in den Müll und kümmern Sie sich um die hilfreiche, weiterbringende Kritik. Sie werden so ständig besser und erfolgreicher. Und nutzen Sie auch die Feedbackmöglichkeiten des Salsa-Kompendiums, mein Mülleimer und ich verkraften zusammen eine ganze Menge!

Während der am Ausgang der Tanzschule ausliegende Feedbackbogen Ihnen die spontan im Unterricht empfundenen Verbesserungsmöglichkeiten der Schüler zugänglich macht, ist für eine überlegte Kritik das Internet ein gutes Medium. Senden Sie erstmalig angemeldeten Schülern vielleicht eine **E-Mail mit einem Link zu einem Fragebogen**, mit dem Sie herausfinden, wie gut welche Werbemaßnahme wirkt und was die Schüler vom Kurs tänzerisch und privat erhoffen. Bei Wiederholungsanmeldungen senden Sie einen Link zu einem anderen Fragebogen, in dem die Schüler auch ihre Erfahrungen mit Ihnen notieren dürfen.

Notieren Sie sich einmal in das untenstehende und leere Feld das beste, konstruktive und für die Verbesserung Ihrer Tanzschule **nutzbare Feedback, das Sie in den letzten 3 Monaten von einem Ihrer Schüler** erhalten haben.

Der Raum bleibt leer? Dann nutzen Sie vermutlich nur einen Bruchteil der Möglichkeiten, die Sie zu Ihrer Verbesserung haben und bleiben in Ihrer Entwicklung möglicherweise stehen. Ihre Entscheidung ist nun gefragt, ob das so optimal und von Ihnen gewollt ist, oder ob Sie noch besser werden wollen?

Soweit zu der Checkliste für Tanzschulen. Es sind einige Punkte aufgelistet, deren Beachtung für Sie seit langem selbstverständlich sein kann oder die Sie bewusst als unwichtig eingestuft haben. Wie auch immer Sie in Bezug auf die beschriebenen Aspekte stehen, bewusst kennen sollten Sie sie. Und sicher haben sie noch mehr Ansätze, um Ihren Unterricht zu verbessern. Notieren Sie diese einfach dazu!

Natürlich kann und will niemand mehrere der oben genannten und von Ihnen selbst definierten Punkte gleichzeitig angehen. Sie können sich aber vielleicht einzelne Aufgaben aussuchen und selbst Ziele zu deren Bewältigung setzen, soweit Sie dies für sinnvoll halten:

„In dieser Woche werde ich den x-ten Punkt soweit beachten, dass ich eine Verbesserung in den Kursen bemerke"

Und in den nächsten Wochen bauen Sie auf den Erfolg auf und suchen sich einen weiteren Punkt aus!

Zum Abschluss noch ein Vorschlag zu einem Feedbackbogen für Tanzschulen, der natürlich noch auf Ihre besonderen, individuellen Bedürfnisse angepasst werden muss. Ein solcher Bogen kann Ihnen viele Chancen zur Verbesserung Ihres Unterrichts bieten und bringt Ihnen und Ihren Schülern mehr Spaß und Erfolg. Wichtig dabei ist es, einen solchen Bogen mit Briefkasten dauerhaft in Ihrer Tanzschule zur Verfügung zu halten. Nur so können Schüler Bemerkungen immer sofort dann notieren, wenn diese im Kopf sind - so entgeht Ihnen als Tanzschule weniger. Versuchen Sie es!

Auf der folgenden Seite ein Vorschlag für mögliche Inhalte eines Feedbackbogens von www.salsa-kompendium.de für Tanzschulen. Lassen Sie bitte bei der Gestaltung Ihres Bogens ausreichend Platz für die Antworten.

Bitte helfen Sie uns dabei, immer besser für Sie zu werden!

Schreiben Sie uns, was Ihnen einfällt und lassen Sie die anderen Felder einfach leer. Was gefällt Ihnen an Schule und Unterricht, was sollten wir beibehalten? _____

Was sollten wir ändern und wie können wir es besser machen? _____

Was ist aus Ihrer persönlichen Sicht die wichtigste Eigenschaft eines guten Tanzlehrers? _____

Bitte kreuzen Sie an, wie gut es Ihnen bei uns insgesamt gefällt:

null	2	3	4	5	6	7	8	9	viel

Bitte kreuzen Sie an, in welcher Stimmung Sie den letzten Kurs verlassen haben

mies	2	3	4	5	6	7	8	9	super

Bitte kreuzen Sie an, in welchem Maße Sie bei uns Ihre persönlichen, tänzerischen Ziele erreichen

nicht	2	3	4	5	6	7	8	9	voll

Würden Sie uns Ihren Freunden weiterempfehlen?

nicht	2	3	4	5	6	7	8	9	voll

Falls Sie uns einen Kommentar zu einem beliebigen Thema hinterlassen möchten: _____

Wünschen Sie eine Antwort? Dann hinterlassen Sie bitte hier Namen und Tel. oder e-mail: _____

Werfen Sie diesen Bogen bitte in den Briefkasten bei der Eingangstüre ein.

Danke für Ihre Mühe - sicher können wir nicht jede Anregung sofort umsetzen, aber jeder Hinweis hilft uns dabei, besser für Sie zu werden, Ihr(e)

TanzlehrerIn Peter und Liesel Müller von der Tanzschule XYZ

Die Fragestellungen des Fragebogens sind natürlich nur Beispiele, die auf Sie in der Regel nicht ideal zugeschnitten sind. Sie können auch danach fragen, wie Ihre Internetseite gefällt und was dort zu verbessern wäre, Sie könnten prüfen, ob Sie Ihr Werbegeld richtig einsetzen, indem Sie danach fragen, woher Ihre Schüler Sie kennen (persönliche Empfehlung, Werbeanzeige (wo genau), Plakate, Flyer...). Auch können Sie ein Ranking unter Ihren Tanzlehrern durchführen, um einen internen Wettbewerb zu starten und so immer attraktiver für die Kunden zu werden. In Management-Büchern finden Sie eine Fülle an Ansätzen für mögliche Verfahren und Fragestellungen unter dem Überbegriff „Kundenzufriedenheit", oder Sie arbeiten ein Konzept mit einem externen Berater aus.

12. Beschreibung weiterer, nicht enthaltener Medien

12.1 Die Takttrainings-Audio-CD für den Unterricht

Die Takttrainings-Audio-CD ist für den Unterricht in der Tanzschule gedacht. Anhand dieser CD kann der Lehrer seinen Schülern in idealer Weise das Finden und Halten des Taktes vermitteln.

Im Grundlagenabschnitt dieses Buches finden Salsa-Lehrer alle nötigen Informationen, um anhand der CD fachkundig in den Takt der Salsa einzuführen. So geht es schneller voran mit mehr Erfolgserlebnissen für Lehrer und Schüler.

Eine mögliche Strategie für die Schüler: Erst den Takt im Kopf finden, dann mit den Fingern das typische „1-2-3" „5-6-7" schlagen und erst dann mit den Füßen starten. In der Ruhe liegt die Kraft!

Titel-Nr.	Länge ca.	Beschreibung
1	2 min	Hinweise zur Anwendung dieser Audio-CD
Beginn der Salsa: der Strophen-Teil.		
2	5 min	Einfaches Übungsstück, mit 80 Schlägen pro Minute sehr langsam
3	5 min	*Congas* und ihr taktgebendes „dudumm" und „slap"
4	5 min	Claves, nutzbar zum Tanzen auf das als 2/3 und 3/2 geschlagene Instrument
5	5 min	Claves und Congas im Zusammenspiel
6	20 s	Der Bass: Einführung in das Grundmuster
7	5 min	Claves, Congas und Bass im Zusammenspiel
8	20 s	Das Cascara-Muster der Timbales

9	5 min	Claves, Congas, Bass und Timbales im Zusammenspiel
10	20 s	Einführung der Guiro
11	5 min	Claves, Congas, Bass, Timbales und Guiro im Zusammenspiel
12	20 s	Einführung der Bongos
13	5 min	Claves, Congas, Bass, Timbales, Guiro und Bongos im Zusammenspiel
14	20 s	Einführung der Maracas
15	5 min	Claves, Congas, Bass, Timbales, Guiro, Bongos und Maracas gemeinsam
16	20 s	Einführung des Piano
17	5 min	Alle bisherigen Instrumente gemeinsam - schon ein anhörbares Stück
Der Montuno-Teil der Salsa		
18	5 min	Die Campana, für Tänzer *das* taktgebende Instrument im Montuno-Teil
19	1 min	Die Timbales mit dem Montuno-Klangmuster
20	1 min	Campana und Timbales gemeinsam
21	5 min	Alle Instrumente des Montuno-Teils
Eine Salsa im Zeitraffer von APOCALYPSO		
22	$1^1/_2$ min	En el centro de la Salsa - mit Intro, Break, Montuno, Bläsern und Gesang

Tabelle 12.1: *Titel der Takttrainings-Audio-CD*

12.2 Geplante Medien

Es ist vorgesehen, sämtliche Figuren auf DVD, langsam und ohne Schnickschnack getanzt, als Film aufzulegen. Wenn Sie sich auf der Webseite www.salsa-kompendium.de eintragen, erhalten Sie sofort nach Erscheinen die nötigen Informationen.

13. Ein Dankeschön

Zuallererst ein Riesendank an meine Lebenspartnerin Ulrike, die seit vielen Jahren meine salsabezogenen Aktivitäten mit großer Souveränität unterstützt. Mit ihr gemeinsam konnte ich auch den ersten von drei Durchläufen zur Verbesserung der Figurenbeschreibungen auf einem sommerlichen, etwas feuchten Zeltplatz mit dem Laptop durchführen.

Natürlich auch einen Dank an Yvonne, die mich in die erste Salsaschule, in der ich auch heute noch tanze, schleppte - mein Leben wäre ohne diesen Einfluss von Yvonne vermutlich sehr viel weniger interessant geworden.

Da bin ich dann auch schon bei Mirian vom Salsa-Zentrum in St. Georgen, die sich mit meiner tänzerischen Weiterentwicklung erhebliche Mühe gab und auch heute noch gibt. Die meisten Figuren in diesem Buch durfte ich bei ihr lernen und hier veröffentlichen. Sie hat so viel mehr auf Lager, dass es weder auf Figuren an sich, noch auf die wenigen hier beschriebenen ankommt. Hier auch einen Dank an die vielen Tanzlehrer, die ich auf verschiedenen Workshops kennen lernen durfte.

Wie viel leichter das Tanzen wird, wenn soviel Theorie dazukommt, wie auf einen Bierdeckel passt, lernte ich von Ulrike aus Ludwigsburg während eines Tanztrainings auf Kuba. So wurde der Grundstein für das didaktische Konzept in diesem Buch gesetzt.

Ganz wichtig sind natürlich auch die Damen, mit denen ich die insgesamt drei Kontroll- und Verbesserungsdurchläufe zu den Figurenbeschreibungen durchführen konnte. Ihr hattet bestimmt manchmal eine harte Zeit - Danke für eure Geduld und Sorgfalt: Anne-Catherine, Christine, Frigga, Irene, Rocio und Ursula. An dieser Stelle besonders herausheben möchte ich Christine, mit der ich viele Stunden auf der Terrasse vom Café des Tunisees in hartem Ringen um jede Bewegung und jedes Wort verbrachte - was nicht zuletzt auch zum interessiert-amüsierten Zeitvertreib der anderen Besucher gut war. Der letzte Schliff aller Figurenbeschreibungen entstand hier bei Sonne, Kaffee und Softdrinks.

Wenn es an die Inhalte geht, so gilt mein Dank zuerst Peter Welte vom Freiburger Salsa-Orchester APOCALYPSO, dem ich für dieses

Buch viele musiktheoretische Inhalte und Verbesserungen verdanke. Auch produzierte er mit größter Akribie die für die Takttrainings-Medien benötigten Musikstücke. Er brachte sich vielfach mit der gleichen Leidenschaft ein, die er auch der Weiterentwicklung seines Orchesters widmet.

Johnny Schmidt-Brinkmann von der Tanzschule Gutmann gebührt gleichfalls ein herzliches Dankeschön nicht nur für das Gegenlesen dieses Buches und Prüfen auf tänzerische Richtigkeit, sondern auch für die Zeit, die wir in seinem ziemlich lustigen Tanzkreis Standard/Latein verbringen können. Auch nach vielen Jahren der Erfahrung auf der Tanzfläche bereitet es ihm nicht die geringste Mühe, uns immer wieder neue, interessante Aspekte der Tanzerei nahezubringen.

In Ruhe zuhause Instrumente fotografieren können - das war nur möglich aufgrund des sehr freundlichen und unbürokratischen Entgegenkommens von Herrn Michael Schäfer von Musik Bertram in Freiburg. Hier konnte ich alles bekommen, was das Haus zu bieten hatte. Herzlichen Dank auch für das Vertrauen!

Damit komme ich zu den Korrekturdurchläufen - ein solches Buch kommt nicht ohne sorgfältiges Redigieren Dritter aus - der Autor wird gegenüber eigenen Tippfehlern sowie unsensiblen Sätzen spätestens nach dem achten Mal durchlesen immun. Hier hat sich die schon oben genannte Ulrike aus Ludwigsburg wieder aktiv eingesetzt. Mit einer besonderen Intensität machte sich aber Andrea an das Werk: kein Tippfehler, kein schräger, missverständlicher Satz, der nicht ihrer erbarmungslosen Feder zum Opfer fiel. Dazu strich sie mir noch 63-mal das Wort „nun" und einmal das Wort „Hm". Das „Hm" habe ich gelassen, nur aus Prinzip. Die hoffentlich allerletzten Fehler eliminierte dann Tanja als sprachbegeisterte Germanistin bei Würdigung der aktuellsten Änderung der Rechtschreibreform. Eine ganze Reihe von weiteren Anpassungen, die mir einige Peinlichkeiten ersparen werden, verdanke ich wieder Peter Welte: „So hält man doch keine Claves!". Auch auf diese Weise wurden viele kleine und große Details richtig- und fachlich hoffentlich optimal dargestellt.

Ohne die vielen Damen, mit denen ich schon eine tolle Zeit auf vielen Tanzflächen verbringen konnte, hätte ich wohl nie die Motivation aufgebracht, die inzwischen wohl mehreren tausend Stunden mit meinem Plastikfreund für schöne Stunden zu verbringen: dem Computer. Danke an euch Mädels, hoffentlich kann ich in Zukunft wieder mehr tanzen als tippen!

14. Feedback - Sagen Sie mir Ihre Meinung!

Über konstruktive Kommentare zu diesem Buch freue ich mich auf jeden Fall. Bitte nutzen Sie die Kontaktmöglichkeit der Webseite

www.salsa-kompendium.de

15. Weiterführende Literatur

Eine kleine Auswahl erhältlicher Bücher und Quellen.

Aparicio, Frances R.: „Listening to Salsa", „Gender, Latin Popular Music, and Puerto Rican Cultures", Wesleyan University Press

Baedeker Reiseführer „Kuba", Verlag Karl Baedeker. In sämtlichen Reiseführern zu Kuba dürfte hierzu etwas stehen.

Boggs, V. (Hrsg.), (1992). Salsiology: Afro-Cuban Music and the Evolution of Salsa in N.Y. City. New York.

Boggs, V. (1992). Founding Fathers and Changes in Cuban Music called Salsa, in: Ders. 95-105.

Boggs, V. (1992). Salsa Music. The Latent Function of Slavery and Racialism, in: Ders. 353-359.

Brockhaus multimediales Lexikon

Brunken, E. & I.: Salsa - Das Tanzbuch., BoD GmbH, Norderstedt 2001.

Caballero, J. C.: Salsa, Mambo on 1,2,3, Schmetterling Verlag 2004.

Doerschuk, R. L. (1992). Secrets of Salsa Rhythm: Piano with Hot Sauce, in: V. Boggs (Hrsg.) 312-324.

Dunay, J. (1984). Popular Music in Puerto Rico: Toward an Anthropology of Salsa, in: Latin America Music Review 5, Nr.2, 186-216.

Dunay, J. (1996). Rethinking the Popular. Recent Essays on Caribbean Music and Identity (Review Essay), in: Latin American Music Review 17, Nr. 2, 176-189.

Figueroa, R. (1992). Salsa and related genres: A bibliographical guide, Westport.

Figueroa, R. (1996). Salsa mexicana: Transculturacion e identidad, Mexico City.

Fischer, Ludwig (Hrsg.), (1998). Die Musik in Geschichte und Gegenwart. Allgemeine Enzyklopädie der Musik. 2. Auflage. Bd. 8 (Sachteil). Bärenreiter, Kassel.

Freiburger Sportmaganzin Juli 2006: „Was Denken und Sport verbindet", Dr. Sabine Kubesch, Prof. Dr. Dr. Manfred Spitzer, Transferzentrum für Neurowissenschaften und Lernen der Universität Ulm

Gerard, C., & Sheller, M. (1989). Salsa! The Rhythm of Latin Music. Crown Point.

Henseling, J., S. Zech: Samba, Salsa und Co., Könemann Köln 2001

Keil, A. (1991). Salsa Piano, Part 1. Weinheim.

Lindner, T.: Salsa - pure Lebenslust., blv Verlagsgesellschaft, München 2004.

Manuel, P. (1985). The Anticipated Bass in Cuban Popular Music, in: Latin America Music Review 6, Nr.2, 249-261.

Manuel, P. (1994). Puerto Rican Music and Cultural Identity: Creative Appropriations of Cuban Sources from Danza to Salsa, in Em 38, Nr. 2, 249-280.

Manuel, P. (1994). The Soul of the Barrio: 30 Years of Salsa, in: NACLA Report on the Americas 28, H. 2, 22-29.

Manuel, P., Bilby, K., & Largey, M. (1995). Caribbean Currents. Caribbean Music from Rumba to Reggae, Philadelphia.

Mauleon, R. (1993). Salsa Guidebook. For Piano and Ensemble, Petaluma.

Ospina, H. C. (1995). Salsa! Havana Heat, Bronx Beat, New York [seit 1997 auch in deutscher Übersetzung im Schmetterling Verlag].

Peters, M. Was ist Salsa?

Rodriguez, O. A. (1992). De lo afrocubano a la Salsa, San Juan.

Rondon, C.M. (1980). El libro de la Salsa: Cronica de la Musica del Caribe Urbano, Caracas

Rough Guide „Weltmusik", Verlag J. B. Metzler

Santana, S. (1992). ¿Que es la Salsa? Buscando la melodia..., Medellin.

Sick, Bastian: „Der Dativ ist dem Genitiv sein Tod"

Villaseca Ribbeck, Cornelia: „Applaus Band 3", „Von Salsa bis Mambo, eine Einführung in das Perkussion-Spiel"